高校美育创新与发展研究

赵 越 著

中国纺织出版社有限公司

内 容 提 要

《高校美育创新与发展研究》聚焦大学生群体，围绕高校美育进行理论澄明、问题揭示和体系建构。本书先对高校美育进行了概述；然后分析了高校美育存在的现状及问题，以及高校美育在素质教育中的创新体现；再次介绍了新时期高校美育的实践探索；最后提出了未来高校美育的发展策略以及现代高校美育的数字化创新。本书回答了如何看待高校美育的价值引导和理论旨归，如何把握当前我国大学生审美素养现状和高校美育现状及其问题，如何建构具有本土特色的美育实践体系等关乎中国高等教育改革和发展向何处去的系列问题，对高校美育教学构建了一个清晰的框架，为高校教师开展美育教学、路径创新提供了具体的参考。

图书在版编目（CIP）数据

高校美育创新与发展研究 / 赵越著. -- 北京：中国纺织出版社有限公司，2024.10. --ISBN 978-7-5229-2218-8

Ⅰ.G40 -014

中国国家版本馆 CIP 数据核字第 2024457R9A 号

责任编辑：张 宏　　责任校对：高 涵　　责任印制：储志伟

中国纺织出版社有限公司出版发行
地址：北京市朝阳区百子湾东里 A407 号楼　邮政编码：100124
销售电话：010—67004422　传真：010—87155801
http://www.c-textilep.com
中国纺织出版社天猫旗舰店
官方微博 http://weibo.com/2119887771
河北延风印务有限公司印刷　各地新华书店经销
2024 年 10 月第 1 版第 1 次印刷
开本：710×1000　1/16　印张：11
字数：170 千字　定价：98.00 元

凡购本书，如有缺页、倒页、脱页，由本社图书营销中心调换

前　言

在高校中，要实现大学生全面发展，美育是不可或缺的一部分。它不仅有助于大学生发现美、创造美，还能够培养大学生的乐观心态，使他们能够更加积极地面对人生。因此，在高校中，美育理论的实践与创新对于大学生未来发展来说至关重要。基于此，笔者编写了本书。

本书共六章，第一章为高校美育概述，介绍了高校美育的概念和特征、目标和内容、功能与原则。第二章为高校美育的现状及问题分析，介绍了高校美育现状及现存问题分析。第三章为高校美育在素质教育中的创新体现，介绍了高校美育在素质教育中的作用、高校素质教育视野下美育的有效性与创新追求。第四章为新时期高校美育实践探索，介绍了自然美审美实践、社会美审美实践、艺术美审美实践。第五章为现代高校美育的数字化创新，介绍了教育数字化创新的战略意义、高校美育数字化创新的核心要义、策略构想与实践探索。第六章为未来高校美育的发展策略，介绍了美育德育一体化课程、完善体制机制与提高教师美育素养。

在成书的过程中，笔者参考了大量的文献和专著，并引用部分专家和学者的观点，在此一并表示感谢。由于笔者写作水平有限，书中难免有疏漏和不妥之处，还望广大读者批评、指正。

赵　越
2024 年 3 月

目 录

第一章 高校美育概述 ··· **001**
    第一节 高校美育的概念和特征 ································· 001
    第二节 高校美育的目标和内容 ································· 013
    第三节 高校美育的功能与原则 ································· 022

第二章 高校美育的现状及问题分析 ································· **039**
    第一节 高校美育现状 ·· 039
    第二节 高校美育的现存问题分析 ······························ 052

第三章 高校美育在素质教育中的创新体现 ······················· **069**
    第一节 高校美育在素质教育中的作用 ························ 069
    第二节 高校素质教育视野下美育的有效性 ················· 076
    第三节 高校素质教育与美育的创新追求 ···················· 079

第四章 新时期高校美育实践探索 ································· **083**
    第一节 自然美审美实践 ··· 083
    第二节 社会美审美实践 ··· 090
    第三节 艺术美审美实践 ··· 096

第五章 现代高校美育的数字化创新 ······························ **117**
    第一节 教育数字化创新的战略意义 ·························· 117
    第二节 高校美育数字化创新的核心要义 ···················· 125
    第三节 高校美育数字化创新的策略构想 ···················· 128
    第四节 高校美育数字化创新的实践探索 ···················· 132

第六章 未来高校美育的发展策略 …………………………… 141
第一节 构建美育德育一体化课程 …………………… 141
第二节 完善体制机制 …………………………………… 149
第三节 提高教师美育素养 …………………………… 155

参考文献 ……………………………………………………… 165

第一章

高校美育概述

第一节 高校美育的概念和特征

一、美育概述

(一)美育的性质

要了解美育的性质,就要先了解美育的概念。所谓美育,是指美感教育,也就是通过教育使人们提升发现美、感受美、鉴赏美、创造美的能力。对学生进行美育,也就是要使学生树立正确的审美观念,培养审美能力,促进其全面发展。美育对于培养学生健康的审美观念和审美能力,陶冶高尚的道德情操,培养全面发展的人才,具有重要作用。

美育又是从审美的角度来掌握世界的教育,即以审美的眼光去发现、认识、理解、评价世界,同时按照美的规律去美化自身、完善人格,一般情况下,美育主要包含两种含义,分别是狭义与广义。其中,狭义上的美育,就是指艺术教育,通过对学生进行审美方面的教育,使学生树立审美观念,提高学生的审美能力。但是,从广义上来说,美育不仅仅指艺术教育,它并不是美育的全部内容,它还兼容了所有的美,如社会美育、自然美育、艺术美育、人生美育等,是一个综合型的教育整体。广义上的美育是对人的心灵的一种整体塑造,诉诸整体功能,培育人的整体素质,使人在心理上成为一个有健全人格的人。因此,美育是一种精神层次上的教育,是人的全面发展的教育。

(二)美育与素质教育

美育是素质教育的重要组成部分,在我国高校教育中,美育不仅有着十分重要的地位,还发挥着不可或缺的作用。素质教育,就是指对学生进行全面教育,促进学生德、智、体、美、劳全面发展,培养学生的创新精神与实践能力,将学生培养为社会主义事业的建设者和接班人。

在当今社会,人们对于人才的要求越来越高,新时期的人才观告诉我们,真正的人才不仅要专业技术过硬,基础理论扎实,而且必须有丰富的人文社科知识、宽阔的胸襟和高尚的情操,且具备人文精神。人文精神是一种普遍的人类自我关怀;表现为对人的尊严、价值、命运的维护、追求和关怀;对人类遗留下来的各种精神文化现象的高度珍视;对一种全面发展的理想人格的肯定和塑造。

现代社会,社会分工越来越细,科学技术教育与人文教育分离得越来越远,并对人的全面发展构成了越来越大的威胁,那些令人神往的"产生巨人的时代"早已成为历史,像达·芬奇、黑格尔、马克思、徐霞客、钱学森等那样既精通自然科学又具有渊博的人文素养的学者已经越来越少。也就是说,当今社会,越来越多的人开始成为专才,即精通某一个方面的专家,全才已经越来越少了。这些专才往往只精通某一个专业的领域,对于人文方面比较忽视。

美育是解决这一矛盾的有效手段。许多科学家以他们亲身的经历印证了这一点。在当今的社会上,倘若要对学生进行素质教育,使学生全面发展,就需要对学生进行美育。

(三)美育与德、智、体等诸"育"的关系

在教学中常说,德、智、体、美、劳全面发展,这五方面通常是一起出现的。德,就是指道德、品质;智,就是指智慧、智力;体,就是指身体;美,就是指审美;劳,就是指劳动。它们可分为外在结构与内在结构,而外在结构与内在结构共同构成了人的一个整体。人要想全面发展,就必须要使这五种结构统一发展。关于美育与德、智、体等诸"育"的关系,下面一一进行简要介绍。

1. 美育与德育

美育与德育的关系是美与善的结合,"美和道德是亲姐妹",二者是相互影响、相互贯通的。著名美育心理学家刘兆吉指出:"中国汉字'美'与'善'都带有相同的'羊'头桂冠,相同的文字信息,深深地打着中国人美善相通的审美观念的烙印。"美中有善,美育是通过其美之中所蕴含的善的因素来达到提高学生道德素质的,所以高尔基在更深刻的意义上揭示道:"美学是未来的伦理学。"但是在一定意义上,美又是善的升华。一个人越懂得美就越有道德,正如席勒所讲的道德的人只能从审美的人发展而来,而不能由自然状态中产生。

所谓德育,就是指对人们进行道德教育,使人们意识到善恶有别,让人们能够清晰地认识到善与恶的界限,明白哪些事情是可以做的,哪些事情是不可以做的,然后根据社会上的某些道德规范约束自身,这就是德育的目的。美育,主要是对人们的审美观念进行教育,使人们形成良好的审美意识,不自觉地追求美好的事物,具有发现美、欣赏美、创造美的能力。只有当一个人了解了什么是好与坏、善与恶、美与丑,知晓了它们之间的界限与评价标准,这样人们才能够按照社会上的约束行事。当人们对于事物的善恶评价与美丑评价相一致时,道德情感被转化为审美情感,这时候人们才会发自内心地去坚守道德规范,最终这种外在的道德规范才能被内化为人的内心需求。德育需要借助榜样的力量,它是理性的传播;而美育往往是诱发人内心的感悟,是情感的呼唤。

目前,尽管高校对学生施行德育,但是效果并不明显。当今社会,物欲横流,人们的生活节奏越来越快,传统的德育已经无法满足如今快速发展的社会的需要。这时候,就需要引入美育,将美育与德育相结合,让人们真正地从心理上接受那些道德约束。一般情况下,法治教育主要是针对人们的行为是否违反法律,它的主要内容是"不准"人们做什么;道德教育是针对人们的行为是否有失道德而言,它的主要内容是人们"应该"做什么;而美育是针对人们的行为是否具有美感而言,它的主要内容是人们"乐意"做什么。也就是说,美育能够真正地从内心改变人们的观念与想法,让人们发自内心地去自愿做某事。

2. 美育与智育

美育与智育的关系是美与真的结合。真就是客观世界发展的必然规律,美中蕴含着真。

大学生智能的形成及智力开发主要依赖于智力教育,但大学美育在某些方面可以促进大学生的智力发展及影响其智能形成,也是不应被抹杀和忽视的事实。当对学生进行美育时,人们会从内心产生一种愉悦的感受,获得一种美好的精神体验,同时人们也获得了各种领域的知识,在这个过程中,人们的大脑思维也会更加活跃。就比如在科学研究中遇到困难的时候,爱因斯坦经常会放下工作,起身拉一段小提琴或者是弹奏钢琴,从而使紧张的大脑放松下来,舒缓心情。在这个放松的过程中,他往往会找到一些灵感,从而继续投入工作。这样,往往会获得事半功倍的效果。事实上,科学与音乐的思维过程是相似的,而且想象力远远比知识更加重要。因为知识是有限的,而想象力却是无限的,它可以延伸到世界上任何地方,在科学研究过程中,想象力是不可缺少的。很多著名科学家,尤其是科学巨匠,他们的生活都离不开音乐、诗歌、绘画等艺术。歌德既是一位大诗人、大文学家,又是一位杰出的数学家、物理学家和工程师。达·芬奇集物理学家、数学家、工程师、画家等身份于一身。从毕达哥拉斯到开普勒,再到发现天王星的威廉·赫歇尔等人都精通音乐,并且能把人世音乐与天体音乐有机地联系起来。我国荣获"国家杰出贡献科学家"称号的钱学森说他的创造发明一半要归功于他的妻子,因为他的许多创造性灵感是在欣赏妻子弹奏曲子的时候产生的。在欣赏曲子的时候,他的大脑也在不断地运转,跟随着音乐的旋律发挥出无限的想象力,从而得到了灵感。

此外,审美教育符合人的心理需要,可激发大学生的学习兴趣和内驱力,增强其学习的主动性和积极性。学习,仅仅依靠刻苦是不够的,实际上,与刻苦相比,兴趣更加重要。《论语·雍也篇》中有"知之者不如好之者,好之者不如乐之者",当人们对于某件事情十分感兴趣时,其他一切事情都阻挡不了他。而且,这种从心底里自然生发出的兴趣,也要比努力、刻苦更加让人愉快,人们如果抱着一种积极的态度去学习,学习效率会大大提高。审美教育便是如此发挥作用的,它能够对人们心底的观念与想法产生影响,让人们自愿地、积极地去从事某项活动。

3. 美育与体育

体育,主要是锻炼人的身体,从而获得强健的体魄,体育的主要目标是身体的健康。通过进行体育运动,人们的身体得到锻炼,心肺功能变得更加强大,肌肉变得更加发达,骨骼变得更加坚韧,人们的外在形象也变得更加美好。而且,通过进行体育运动,人们的行为动作也变得更加流畅,姿态更加轻盈,动作更加敏捷,精神更加饱满,这种力与美的结合,使人们的身体更加富有活力,生机勃勃。美育,主要是培养人们形成美的观念,教会人们如何发现美、欣赏美,美育的主要目标是心灵的健康。通过进行美育,人们会经常处于一种比较积极的心理状态,保持一种良好的精神体验,同时保持心灵的健康。

在日常的体育活动中,人们往往通过锻炼自己的身体,使自己保持一个良好的形象。而在一些竞技性的体育运动中,人们往往更重视追求胜利的结果,当人们胜利时内心会感到喜悦,而失败时会感到沮丧。另外,在体育竞技运动中,人们还可以从中体验到友谊、团结、公正、协作等美感。

审美教育活动所形成的愉悦的精神状态可直接影响学生的身体健康状态。如果人们的精神状态在很长一段时间内保持消极的状态,那么人们的身体健康必然也会出现某些问题。特别是在高度紧张、愤怒等情况下,均可能导致肌体失调,引起临床休克,甚至死亡。有关临床资料证明,相当一部分癌症患者的病因均与长期心情沉闷、忧郁有关。日本学者春山茂雄指出:"人在生气发怒的时候,会感觉到精神的紧张兴奋,于是大脑分泌出一种叫作去甲肾上腺素的物质,这种物质具有剧毒。当然,大脑分泌的这种荷尔蒙极其微量,但如果经常生气发怒,这种剧毒的荷尔蒙会导致疾病的产生,加速衰老甚至早逝。可以说,不论什么病都和去甲肾上腺素有关。"由此我们可以发现,人的情绪对于人的身体有着多么大的影响。当人们心情处于一种愉悦状态时,大脑便会分泌出另一种物质——"β-内啡肽",它是一种对人体健康有益的物质。因此,在日常生活中,我们要尽量少生气、发怒,以免危害我们的身体健康。当遇到某些不愉快的事情时,要尽可能向前看,始终保持一种积极健康的态度,从而保持身体的健康。因此,学生可以多多观察一些美的事物,从而获得一些审美的精神体验,保持一种比较良好的心理状态,从而促进身心健康成长。

4. 美育与劳动教育

劳动是人的一种美德,也是其他美德的基础。通过劳动既能够美化人的外在形象,也能够美化人的心灵世界。劳动能够锻炼人的身体,促使身体变得强健有力;劳动能够影响人的主观世界,美化人的心灵。而那些不愿劳动、争抢别人劳动果实的"人"是丑恶的。

美育对劳动具有促进作用,这主要是因为审美教育能够培养人们对于劳动的审美愉悦感,促使在劳动中的人们能够享受到一种情趣,从而降低对劳动的抵触,更加自愿地进行劳动。苏联教育家对于这个理论进行了深入的研究,在他们看来,在劳动中享受乐趣有一个大前提,那就是要养成对劳动的审美态度。1921年,《统一劳动学校纲领》的引言中曾提出这样一种思想:不能只培养劳动的意志,而不培养创造的意志、创造的愉快。这种提法绝不是偶然的。由于审美教育培养了人们对于劳动的愉悦感,这促进了人们的劳动教育,从而使人们能够更加创造性地、自主地去进行劳动。实际上,审美教育中也包含了很多与劳动相关的美学,如教育领域中的教育美学、工业领域中的技术美学、医学领域中的医学美学等。

总而言之,素质教育包含的德、智、体、美、劳五大方面,既相互独立,又彼此联系,要充分发挥美育在整个教育过程中对各育的"统整"与"渗融"的独特功能。教育的品位与质量,将在更高境界与层次上促进学生的全面发展。

(四)美育的意义

良好的审美修养,自古以来便十分重要,它是一种比较高尚的精神品质。从古至今,世界上流传下来了许多的艺术品,这些艺术品往往具有极高的艺术魅力,必须是具有极高的艺术修养之人才能够体会到其中的美。因此,人们要想感受到艺术品的美,就需要进行审美教育。而且,目前在高校内有很多艺术类相关课程,大学生必须要具备一些审美修养才能够获得足够的学分顺利毕业。良好的审美修养是人生的重要一课,一个人一旦被剥夺了审美的权利,就会精神萎靡,生活乏味,举止粗鲁,甚至道德沦落。中国古人讲的"腹有诗书气自华"和"知书达理",也是强调审美修养对个人成长的重要作用。古人十分重视琴、棋、书、画四艺的学习,更讲究接受审美教育这种"心灵的体操"的训练。一个人光有某种先天性的自然形态的或通过某种特殊训练所获得的某些心理素质、能力,而缺乏"心灵的体操"的整体训练,缺乏"审美的清泉"浸润心灵、滋养心灵、美化心灵,是不可能成为现代的、高素质的、全面发展的人。

随着市场经济的迅猛发展,物质生活水平大大提高,各种高科技产品层出不穷,极大地方便了人们的生活。但是,随之而来的便是精神上的空虚。现今社会,人们的生活和工作节奏加快,精神文化生活越来越丰富,使越来越多的人开始放肆地释放自己的欲望,从而逐步沉沦,泥足深陷。因此应该要对人们进行美育,让人们学会生存,学会学习,学会终身吸收新知,学会自由地、批判地思考,学会热爱世界,让这个世界更有人情味,更有诗意。

在当今社会,美育是一种必不可少的教育,缺少美育的教育是不完整的。一个高素质的人,必定是一个具有良好的审美修养的人,一个全面发展的人。

二、当代高校美育的概念

所谓高校美育,就是指在高校中通过对学生进行美的教育,帮助学生形成正确的审美观念,陶冶情操,净化心灵,培养他们发现美、感受美、欣赏美、创造美的能力。

(一)高校美育是高校人文素质教育的基本方面

人文素质教育以哲学素质为根本,包括世界观、人生观、价值观与方法论定位,而审美素质则表现在感情或感性层面上。审美素质与其他方面素质一样也是人所特有的能力。审美素质属于全方位综合素质,它有着其无法取代的特定内涵与要求。美育作为一种教育形式,在高校学生的思想教育中有着极其重要的地位,并发挥着其他学科所无法代替的重要作用。高校美育在全面培养人才方面发挥着特有的功能。在我国高等教育中实施美育是实现高校学生人格完善的重要途径之一。美育的作用是以美启真,以美储善,以美怡情,美育有助于智力结构、意志结构的确立;有助于科学与道德发展。因而美育是人的全面发展的必由之路。美育能够提高学生的文化修养、思想道德品质、审美意识、艺术鉴赏能力及创新精神与创新能力等。美育可以推动学生发现真理,创造科学美;美育能通过图像的感染、情绪的刺激,引导他们自觉净化心灵,遵循社会道德原则,规范行为;美育还有助于培养学生高尚的情操,陶冶他们美好的感情,从而促进其身心健康的和谐发展。美育可以让学生获得情感体验,陶冶性情,培养审美能力。

(二)高校美育是教育境界化发展的需要

随着社会的发展,人们对于教育的要求也越来越高,现代美育,已经不仅仅是之前所说的包含艺术与情感的教育了。现代美育涉及越来越多的方面,其性质越来越综合化、多元化。在高校中进行美育,就是要向学生展示各种美的事物,先让学生对于美有一个基本的概念,然后潜移默化地进行美育,陶冶情操,净化心灵,使学生在耳濡目染之下能够掌握分辨美的能力,能够获得美的感受。

(三)高校美育是塑造完美人格的需要

在高校中,对学生进行审美教育,能够帮助学生塑造健全人格。大学生虽然在生理上已经成熟了,可以说是一个大人了,但是在心理上仍存在着一定的不成熟。大学时期,是学生的世界观、人生观、价值观形成发展的关键时期,因此在高校对学生进行审美教育,对于其三观的形成有着重要的促进作用,有助于其形成良好的、健康的三观。在高校时期对学生进行审美教育,对他们有着重要的影响,甚至可以说是具有终身意义的。经过高校美育之后,学生受到美的熏陶,进而能够分辨美与丑,在心底里形成一种高尚的人格,以抵制不良思想和精神的污染。

三、当代高校美育的特征

当代高校美育并不是单一的、平面的,而是综合化的、多元化的,它包含了众多方面,是一个矛盾的统一体。要了解高校美育的特征,就需要从以下几对关系中来进行分析。

(一)坚持指向性与非功利性的辩证统一

美育具有指向性与非功利性。美育的指向性,是指美育的目的是帮助人们形成美的观念,美化人们的心灵,从心底里塑造一个完美人格。美育指向性人格形成,是指美育的本质功能与主体价值。正如席勒所言:"有身体健康的教育,有智力认识的教育,有伦理道德的教育,有审美趣味和美的教育。这最后一种教育的目的在于,培养我们的感性能力和精神能力的整体达到尽可能有的和谐。美在紧张的人身上恢复和谐,在松弛的人身上恢复能力,并以这样的方式,按照美的本性,把受到限制的状态再引回到绝对的状态,并使人成为一个在他自身上就是完整无缺的整体。"美育的这种指向性,是一种比较长期的指向,需要经历漫长的时间之后才能够形成一个良好的人格,因此尽管它是带有目的性的,但是它却是非功利性的。

美育的非功利性是美育的本质规定性所在。正如蔡元培先生所言:"纯粹之美育,所以陶养吾人之感情,使有高尚纯洁之习惯,而使人我之见、利己损人之思念,以渐消沮者也。盖以美为普遍性,决无人我差别之见能参入其中。美以普遍性之故,不复有人我之关系,遂亦不能有利害之关系。"也就是说,美育的非功利性是美育与智育、德育的根本区别。智育和德育都是功利性的,智育的目标是帮助人们认识世界,然后通过所获得的知识与经验来改造世界,从而使人类生活得更加美好。德育的目标是使社会上的人能够约束自己的言行,不做不道德的事情。美育则不同,美育是非功利性的,美育主要是培养人们形成一种对于美的鉴赏能力,它并不要求人们向外得到某些利益,也不要求人们向内约束自己。

坚持美育指向性与非功利性的辩证统一,要从指向性和非功利性两个方面来把握。

第一,在设计和实施美育时,要注意其最终目的是促进学生的人格养成,然后根据这个目的来对美育获得进行设计和实施。目前,很多高校对于美育活动越来越重视,但是却忽视了人格养成的目的。

第二,美育是非功利性的,在进行高校美育活动过程中,艺术技能的提高并不是最终的目的,它只是一种美育教学的手段。人们活在世界上,并不只是为了实现某一个目标，更不能过于功利性地活着。人之所以为人，就是因为人有想法、有思维，而人们活在世界上，渴望实现自己的人生价值，并且从生活中领略生活的意义与乐趣。高校的审美教育让学生能够发现生活中的美，并且从中获得美的感受，在感受美的同时，其创造能力也在不断地发展，有利于之后对于美的创造。

（二）坚持独立性与渗透性的辩证统一

美育的独立性，是指美育作为教育体系的一个重要组成部分，其拥有一套比较独立的课程体系与理论体系，这是美育教学能够顺利展开的基础。但是，美育并不是一门纯粹的、独立的学科，它与很多其他学科有着较为紧密的联系。比如，艺术美学与艺术相关学科有着一定的联系，逻辑美学与数学相关学科有着一定的联系，生态美学与环境相关学科有着一定的联系，文学美学与文学相关学科有着一定的联系，等等。正如席勒所说："一切其他的训练都会给心灵任何一种特殊的本领，但也因此给心灵设立了一种特殊的界限；唯有审美的训练把心灵引向无限制境界。"美育是一种无功利性的教学，它不仅包括对学生审美力的培养，还包括对学生人格的养成。其中，对学生审美力的培养主要依赖于美学学科本身的理论知识与技能，而对学生人格的养成则需要依赖其他学科对于审美视点的发掘、培植。所以，对学生进行美育教学需要所有学科老师的共同努力。我们要将美育教学贯彻落实教育的全过程，培养学生形成正确的审美观念，促使学生养成良好的审美习惯，陶冶情操，净化心灵，提高学生的审美素养与审美能力，帮助学生塑造出一个高尚的人格。同时，审美教育还有助于帮助学生建立一个良好的三观，开发人的智力，拓宽人的思维，促进学生身心健康成长。

因此，在当代高校美育教学中，要坚持独立性与渗透性的辩证统一。一方面，坚持高校美育教学的独立性，以美学学科本身的理论知识与技能来对学生展开讲解与叙述，体现美育的独特特点；另一方面，坚持高校美育教学的渗透性，将美育教学贯彻落实到教学的全过程，在各个学科都展现出美育的理念，实现美育的过程，收获美育的成果。对于当今高校美育教学来说，要加大改革力度，不断调整教学规划与课程体系，合理设计教学目标，将审美教育有机地融合于不同学科的教学内容之中。美育融入其他学科教育之后，在学科教学之时，学生就能够有意识地观察其中所蕴含的美，并且能够加深对其的认识与了解，促进学生个人素质的全面发展。

(三)坚持共性与个性的辩证统一

在美育教学中,教育者往往会根据当前社会的普遍标准及不同年龄段的学生的生理与心理特点来制定一个统一的教育目标,然后又依据这个教学目标制定对应的教学内容与教学方法,对学生进行美育教学,培养学生建立正确的审美观,促进其形成良好的审美情趣,提高其审美素养与审美能力。但是,人与人是不同的,即便是同一个年龄段的学生,他们的想法与观念也有很大的不同。每一名学生都是一个个活生生的个体,他们有自己独特的个性。在美育教学中,要想使每一名学生都能够积极地接受美育教学,就必须尊重学生的独特个性,注重个性美的弘扬、引导,做到因材施教。

在美育教学中,美育的审美对象本身便是丰富多彩、富有个性的。比如,以音乐、书法、美术等为对象的艺术美;以山水奇石、花鸟虫鱼等为对象的自然美;以各类建筑、公共场所等为对象的社会美;等等。而且,审美主体本身也是在不断变化的,随着时间的推移,大学生的生理与心理逐渐成熟,他们接受的知识越来越多,经验也越来越丰富,则出现审美能力不断发展,审美观念不断变化,其审美心理表现出很强的不稳定性与可塑性。

在当代高校美育教学中,要坚持共性与个性的辩证统一,需要做到两个方面。其一,在对学生进行美育教学时,要因材施教,针对不同学生的个性与兴趣爱好等特点,以多种方式进行美育教学,提供多种美育途径,引导着学生更加积极地投入美育学习之中。其二,要改进应试考核评价方式,强调个性化,建立个性化的学习评价体系。

(四)坚持引导与体验的辩证统一

在美育教学中,教师的引导十分重要,首先要让学生清楚什么是美,也就是引导学生认识美。教师充当的是引导者的角色,在教会学生认识美的基础上,逐步引导学生去发现美、感受美、创造美,培养学生形成良好的审美情趣。在课堂上教授给学生各种美学知识,通过开展各种审美实践活动,培养学生的审美习惯,不断锻炼学生,将美学知识与审美实践活动相结合,在课内与课外对学生进行美学引导,同时对学生进行审美教育。在美育教学中,如果教师没有承担引导者的责任,而是任由学生自己去理解什么是美,那么就可能扭曲学生对美的印象,不利于美育教学的进行。

在美育教学中，学生的体验也十分重要。任何事情如果自己没有真正体验过，就无法形成真实的感受。由于个体差异，每个人对于美的体验是不同的，不可能拘泥于一种。在美育教学中，教师要引导学生亲身感受美、体验美，以便获得内心最真实的感受。苏霍姆林斯基主张引导学生到大自然中去体验美，大自然中具有丰富的美学资源，人是大自然中的一个个体，人们到大自然中去感受美，能够增加自身与美的联系。

在美育教学中，教师的引导与学生的体验都很重要，无论缺失哪一项，都会对美育教学产生不利的影响，因此在高校美育教学中，要坚持引导与体验的辩证统一。

（五）坚持时代性与高尚性的辩证统一

在信息化社会中，人们的生活节奏加快，越来越繁杂的信息充斥着人们的生活，其中既有低俗的文化信息，也有高雅的文化信息。大学生必须要学会分辨低俗信息与高雅信息，做到接近高雅信息，摒弃低俗信息，不断培养高雅的审美情趣。目前，社会文化中存在着一些低俗化倾向，如消费主义、享乐主义盛行，悲观主义弥漫等。人们如果长期处于这种环境之下，长期观看那些暴力、色情的电影，沉迷网络游戏，就有可能逐渐被同化，使道德意识逐渐淡薄，不利于人们的健康成长。面对这种情况，高校应该采取一定的措施，以培养学生形成高尚的审美情趣，拒绝低俗，引导学生发现那些真正美的事物，对学生进行审美教育。学校还要不断挖掘中华民族的传统艺术，如书法、绘画、诗词、音乐等，使学生感受中华民族的审美精神，不断培养他们形成高雅的审美情趣。

在美育教学过程中，除了要坚持高尚性，还要注意时代性问题。在不同的时代有着不同的审美，审美往往具有时代性。在当代高校美育教学中，审美要符合当代的要求，满足大众的审美需要。审美的时代性，是针对大众文化而言的。大众文化是西方语境中的一个概念，包含很多方面，如衣食住行中的各种文化产品等。聂振斌从马克思主义美学的视角，把大众文化看作是"文化工业制造的文化，主要指由电视、广播、广告、流行刊物等大众传播媒介传播的文化"。这种大众文化，无时无刻不存在于人的日常生活中，随处可见，大到一座建筑，小到一块砖石，从公共场所延伸到个人的外表，是审美的重要对象，审美通过这种形式展现在人们眼前。它是大学生美育的重要载体。通过这种随处可见的美育载体，大学生也在不断地接收着美的教育。这种到处存在的美是大学生美育的宝贵资源。教师在挖掘和使用这种美育资源来对学生进行教育时，要把握两个原则：其一，针对美育中美的客体而言，要坚持高尚性；其二，要引导学生形成一种良好的审美态度，使学生能够从中接受美的教育。对于学生来说，一个良好的审美态度，有助于他们与大众文化建立审美关系，如蒋孔阳所言，"实用的态度是一种实用的关系，科学的态度是一种认识的关系，而美感的态度则是一种审美关系"。

美育要坚持时代性与高尚性的辩证统一，就是说美育在坚持高尚性的同时，也不能脱离社会的现实性，既要充分吸收大众文化的优秀成分，又要满足大众的审美需要。

（六）坚持课内与课外相结合

对学生进行美育，不能仅仅依靠课堂上的学习，还要注重对于课堂外的美育活动的开展，要坚持课内与课外相结合。近年来，对于素质教育方面课内与课外相结合的课题，国家越来越关注。课内教学是进行美育的主要渠道，美育的部分知识内容都是通过课堂教学进行教授的，不容忽视。在美育教学中，需要强调的一点是高校美育教学不能仅仅包含艺术教育，还要挖掘更多学科的审美教育，如历史、文学等方面的审美教育等。要对学生进行审美教育，必须要经过长期的规划研究，这样它才能够被正式纳入学校的教学计划之中。在课内，要选择具有较高教学水平的教师来对学生开展美育教学工作，教授给学生美育相关的教学知识与技能。在课外，要开展丰富多彩的美育活动，锻炼学生的美育技能。学生也可以在课下自主学习美育的知识与技能，多多参与美育活动，参加各类社团与艺术实践活动等。可以将课内美育教学与课外美育活动相结合，不断培养大学生的兴趣爱好，培养他们的审美情趣，提高他们的审美欣赏与审美创造能力。

（七）坚持校内与校外相结合

在对学生进行审美教育时，要坚持校内与校外相结合。如果仅仅是在校内进行审美教育是远远不够的。教师可以引领着学生到校外，去感受社会及自然的美。社会上鱼龙混杂，各种类型的人都有，社会美是丰富多彩的，所以它是一个绝佳的实践场所。教师将学生带到社会上，鼓励学生将课堂上所学的内容尽数地实践于此，以不断增长经验，积累才干，在社会中不断地去体会人生的美。

社会，是学校美育的重要场所。在校外对学生进行审美教育主要可以从四个方面进行。

第一，引导学生寻找和欣赏大自然中的美。大自然中有山水奇石、花鸟虫鱼，还有许多自然形成的奇观景象。学生到大自然中去寻找美，可以增进与大自然的接触与了解，解放天性，回归自然。

第二，在劳动中感受美。劳动，原本就是中华民族的传统美德，在劳动中学生能够获得美的享受，得到一种比较充实的快乐。

第三，可以将校外的一些美育资源引入校园之中，提高美育资源的吸引力，增强学生的兴趣，拓展大学生美育载体。

第四，如今是信息时代，网络空间内信息十分全面，教师可以将网络空间内的一些美育资源引入课堂上来，对学生进行审美教育。教师还可以鼓励学生在课下到网络上进行自我审美教育，以不断强化网络这块重要的美育阵地。

第二节　高校美育的目标和内容

美是纯洁道德、丰富精神的重要源泉。美育既是审美教育、情操教育、心灵教育，也是丰富想象力和培养创新意识的教育，能提升审美素养、陶冶情操、温润心灵、激发创新创造活力。

一、高校美育的目标

当前国内高校持续加大美育投入力度，在课程种类、开课数量、师资力量、受教规模、资源保障、学科建设等方面取得重要突破，高校美育制度化嵌入学科教育体系，呈现出大繁荣大发展的全新气象。与此同时，高校美育依然存在审美教育浅层化、保障机制滞后、高素质师资匮乏、学生认可度低等明显不足。为此，大学应积极转变教育理念，回归立德树人初心，提升审美教育品质，建构正向激励机制，推动美育实现高质量发展。

(一)高校美育的价值功能与目标愿景

高校美育是落实立德树人根本任务的重要途径。在教育教学实践中，高校美育通常借助于广泛性的公共艺术教育来实现立德树人的目标。从审美哲学的角度审视，美育是关于审美观念和审美形态的教育，不仅包含关于艺术美、自然美、道德美、社会美等多种类型美的教育，还涵括审美观念、审美能力、审美思维和审美哲学等范畴的形而上教育，是居于更高位阶、具有更大包容性的上位教育。从教育实践的角度分析,公共艺术教育直接传递审美理念,既是美育的具象化,也是美育育人价值"落地生根"的主要载体。新时代高校美育以公共艺术教育为载体,不仅发挥了传授艺术技能、培养艺术审美等基础性功能,更全面渗透了提升审美素养、陶冶心灵情操、激发创新创造活力等更为重要的审美教育、情操教育和心灵教育功能,于潜移默化中影响当代大学生的价值观念、情感意志和信念行为。

高校美育是弘扬中华美育精神的主要渠道。在数千年历史进程中,中华美育精神主要依托各种具体的审美教育活动得以赓续和发展。《周礼·春官》记载,周王朝设置了历史上第一个礼乐机构"春官",其职责为"掌成均之法,以治建国之学政,而合国之子弟焉";孔子认为,教育应"兴于诗、立于礼、成于乐",以达致"仁"的理想境界。这些教育主张以礼乐来教化子弟,蕴含了"以美育人"的朴素观念。20世纪以来,随着西方音乐、美术等艺术形态"东渐",国民教育特别是高等教育体系中逐渐生发出现代意义上的新式美育。蔡元培提出"四育"主张和"美育代宗教"观点,认为美育应当贯穿教育全过程。新文化运动后,中国共产党以马克思主义哲学和美学思想为引领,借助先进艺术作品教育、感召、引领和团结民众,充分发挥了美育在思想引领、政治宣传、民众团结等方面的积极作用。进入新时代,高校美育又被赋予了弘扬中华美育精神、传承中华优秀文化、激发民族情感和家国情怀、增进民族文化自信的重要使命。

高校美育是促进学生全人发展的关键环节。马克思主义认为,人的全面发展包括人的身体素质、心理素质、思想道德素质和科学文化素质等各种素质的全面、均衡和协调发展。西方经典美学理论推崇通过审美教育升华道德修养,培育完整人性,实现人的自由全面发展。20世纪70年代兴起的全人教育理论认为,教育的目标是培养品行高洁、人格独立、精神自由、生命充实、全面发展的现代公民,其中必然包含对艺术与审美的培养。这些教育理念与高校美育所倡导的精神内核高度一致。高校美育是高校开展全人教育的核心支柱,是促进大学生自由而全面发展不可或缺的内在维度。培养全面发展的新时代高素质人才,必然要求高校美育的深度介入。

(二)当前高校美育面临的目标困境

美育育人理念尚需强化。高校美育的根本价值追求和发展目标导向在于"以美育人、以美化人、以美培元",关键是唤醒大学生的审美意识,在感知、发现、鉴赏、表达和创造美的过程中提升审美素养、人文修养和心灵涵养。新时代高校美育已经深刻嵌入当代美学的"生活化转向",正在经历从培养素朴审美力向塑造生活艺术家的跨越,强调在生活世界和生活语境中重构美学,越来越注重关切人类社会的现实境况和未来前景。这意味着高校美育必须突破传授艺术技能的窠臼,通过生动活泼的审美教育实践,将朴素的艺术体验与更为广阔的自然美、道德美、社会美贯通起来,激发大学生的审美理性认知,达到审美形象与审美生活的有机统一。当前高校美育通常被不自觉地"矮化"和"细分"为不同类型的"入门级"艺术教育,在精神引领、价值塑造和行为导向上缺乏有效引领,难以实现审美教育与人格教育、趣味教育、情感教育的协同发展。

二、高校美育的内容

(一)不断完善课程和教材体系

1. 树立学科融合理念

加强美育与德育、智育、体育、劳动教育相融合,充分挖掘和运用各学科蕴含的体现中华美育精神与民族审美特质的心灵美、礼乐美、语言美、行为美、科学美、秩序美、健康美、勤劳美、艺术美等丰富美育资源。有机整合相关学科的美育内容,推进课程教学、社会实践和校园文化建设深度融合,大力开展以美育为主题的跨学科教育教学和课外校外实践活动。

2. 完善课程设置

学校美育课程以艺术课程为主体,主要包括音乐、美术、书法、舞蹈、戏剧、戏曲、影视等课程。高等教育阶段开设以审美和人文素养培养为核心、以创新能力培养为重点、以中华优秀传统文化传承发展和艺术经典教育为主要内容的公共艺术课程。强化学生文化主体意识,培养具有崇高审美追求、高尚人格修养的高素质人才。

3. 加强教材体系建设

编写教材要坚持马克思主义指导地位,扎根中国、融通中外,体现国家和民族基本价值观;格调高雅,凸显中华美育精神,充分体现思想性、民族性、创新性、实践性。根据学生年龄特点和身心成长规律,围绕课程目标,精选教学素材,丰富教学资源。

(二)全面深化教学改革

1. 开齐开足上好美育课

严格落实学校美育课程开设刚性要求,不断拓宽课程领域,逐步增加课时,丰富课程内容。高等教育阶段将公共艺术课程与艺术实践纳入学校人才培养方案,实行学分制管理,学生修满公共艺术课程2个学分方能毕业。鼓励高校和科研院所将美学、艺术学课程纳入研究生教育公共课程体系。

2. 深化教学改革

逐步完善"艺术基础知识基本技能＋艺术审美体验＋艺术专项特长"的教学模式。在学生掌握必要基础知识和基本技能的基础上,着力提升文化理解、审美感知、艺术表现、创意实践等核心素养,帮助学生形成艺术专项特长。成立全国高校教学指导委员会,培育一批学校美育优秀教学成果和名师工作室,建设一批学校美育实践基地,开发一批美育课程优质数字教育资源。推动高雅艺术进校园,持续建设中华优秀传统文化传承学校和基地,创作并推广高校原创文化精品,以大爱之心育莘莘学子,以大美之艺绘传世之作,努力培养心灵美、形象美、语言美、行为美的新时代青年。

3. 丰富艺术实践活动

面向人人,建立常态化学生全员艺术展演机制,大力推广惠及全体学生的合唱、合奏、集体舞、课本剧、艺术实践工作坊和博物馆、非遗展示传习场所体验学习等实践活动,广泛开展班级、年级、院系、校级等群体性展示交流。加强国家级示范性学生艺术团建设,遴选优秀学生艺术团参与国家重大演出活动,以弘扬中华优秀传统文化、革命文化、社会主义先进文化为导向,发挥示范引领作用。

4. 加快艺术学科创新发展

专业艺术教育坚持以一流为目标,进一步优化学科专业布局,构建多元化、特色化、高水平的中国特色艺术学科专业体系,加强国家级一流艺术类专业点建设,创新艺术人才培养机制,提高艺术人才培养能力。艺术师范教育以培养高素质专业化创新型教师队伍为根本,坚定办学方向、坚守师范特质、坚持服务需求、强化实践环节,构建协同育人机制,鼓励艺术教师互聘和双向交流。鼓励有条件的地区建设一批高水平艺术学科创新团队和平台,整合美学、艺术学、教育学等学科资源,加强美育基础理论建设,建设一批美育高端智库。

(三)着力改善办学条件

1. 配齐配好美育教师

各地要加大高校美育教师补充力度,未配齐的地区应每年划出一定比例用于招聘美育教师。有条件的地区可以通过购买服务方式，与相关专业机构等社会力量合作，向高校提供美育教育教学服务，缓解美育师资不足问题；鼓励优秀文艺工作者等人士到学校兼任美育教师；推动实施艺术教育专业大学生支教计划。全面提高美育教师思想政治素质、教学素质、育人能力和职业道德水平。优化美育教师岗位结构，畅通美育教师职业发展通道。将美育教师承担学校安排的艺术社团指导，课外活动、课后服务等第二课堂指导和走教任务计入工作量。在教学成果奖等评选表彰中，保证美育教师占有一定比例。

2. 改善场地器材建设配备

建好满足课程教学和实践活动需求的场地设施、专用教室，把农村学校美育设施建设纳入地方义务教育均衡发展规划。小规模学校以保基本、兜底线为原则，配备必要的功能教室和设施设备。鼓励有条件的地区在高校建设美育场馆，与周边学校和社区共用共享。加强高校美育场馆建设，鼓励有条件的高校与地方共建共享剧院、音乐厅、美术馆、书法馆、博物馆等艺术场馆。配好美育教学所需器材设备，建立美育器材补充机制，制订学校美育工作基本标准。

3. 统筹整合社会资源

加强美育的社会资源供给，推动基本公共文化服务项目为学校美育教学服务。城市和社区建设规划要统筹学生艺术实践需要，新建文化艺术项目优先建在学校或其周边。鼓励学校与社会公共文化艺术场馆、文艺院团合作开设美育课程。有条件的地方和学校每年组织学生现场参观1次美术馆、书法馆、博物馆，让收藏在馆所里的文物、陈列在大地上的文化艺术遗产成为学校美育的丰厚资源，让广大学生在艺术学习过程中了解中华文化变迁，触摸中华文化脉络，汲取中华文化艺术精髓。同时，充分挖掘学校艺术场馆的社会服务功能，鼓励有条件的学校将艺术场馆向社会有序开放。

(四)切实加强组织保障

1. 加强组织领导和经费保障

地方各级党委和政府要把学校美育工作纳入重要议事日程，纳入地方经济社会发展规划，加强对本地区学校美育改革发展的总体谋划。各地要建立加强学校美育工作部门联席会议制度，健全统筹协调机制。把学校美育工作纳入有关领导干部培训计划。各级政府要调整优化教育支出结构，完善投入机制，地方政府要统筹安排财政转移支付资金和本级财力支持学校美育工作。鼓励和引导社会资金支持学校美育发展,吸引社会捐赠,多渠道增加投入。

2. 加强制度保障

完善学校美育法律制度,研究制定规范学校美育工作的法规。鼓励地方出台学校美育法规制度,为推动学校美育发展提供有力法治保障。健全教育督导评价制度,把政策措施落实情况、学生艺术素质测评情况和支持学校开展美育工作情况等纳入教育督导评估范围。完善国家义务教育美育质量监测,公布监测结果。把美育工作及其效果作为高校办学评价的重要指标,纳入高校本科教学工作评估指标体系和"双一流"建设成效评价。对政策落实不到位、学生艺术素质测评合格率持续下降的地方政府、教育行政部门和学校负责人,依规依法予以问责。

3. 营造社会氛围

各地要落实加强和改进新时代学校美育工作的具体措施,可以结合实际制订实施学校美育教师配备和场地器材建设三年行动计划。加强宣传,凝聚共识,营造全社会共同促进学校美育发展的良好社会氛围。

三、高校美育内容的构建理论

(一)融通各艺术学科构建丰富的育人内容,提升大学生的审美素养

艺术贯注了创作者对美的认知,通过感性的外在形象表达创作者的思想和情感,是提升大学生审美素养、培养审美力的主要途径。美育的内容建设重点不在于艺术技能的培养,而在于甄选不同艺术学科的经典内容,为学生提供崇高的精神享受。艺术审美内容包括但不限于音乐、美术、舞蹈、雕塑、剪纸、建筑、绘画、戏曲、影视等。

1. 以艺术实践融通各艺术学科

高校美育内容的建设以艺术实践为主,艺术实践分为两个阶段。第一阶段是艺术欣赏,在此过程中学生需要调动感官积极参与艺术欣赏,并与艺术作品达成情感共鸣。这一阶段的美育内容应以经典艺术作品和具有地域特色的非物质文化遗产为主,以此为学生提供艺术体验的情境。比如名画欣赏、书法欣赏、舞蹈欣赏、名曲欣赏、民间手工艺品欣赏等,让学生进入艺术的氛围之中,体验艺术之美,并和艺术品建立情感。美育从本质上讲是情感教育,音乐的音调、书法的笔锋表现、绘画的色彩和形象、舞蹈的肢体语言都能表达创作者的情感,学生只有进入艺术品带来的情境中才能感知到创作者的情感。从某种角度上

讲,艺术欣赏是学生和创作者进行的一次情感交流,学生在沉浸式的体验中调动视听觉感官,完全参与到艺术欣赏中,完成情感的升华和心灵的净化。艺术为学生带来了高品位的精神享受,帮助他们建立高尚的审美追求。第二阶段是艺术实践。这一阶段是在学生对美的感知的基础上建立具有个体特色的审美观并展开审美联想进而创造美的过程。每个人对艺术的欣赏角度和评价都不相同,在感知美的基础上,学生能够敏锐地捕捉到美的元素,形成自己独特的审美观念。比如,在欣赏风格各异的剪纸工艺后,学生能根据自己的审美爱好创作剪纸;在欣赏中外名画的基础上,学生能够根据自己的心境选出最喜爱的画作并表达缘由。这一过程并不过多关注艺术技能的培养,而是重点在于审美感受力的培养,完成个体心智和审美艺术的联结与融合,从而激发学生的审美创造力。

2.高校美育内容应包含人文精神之美

每一种艺术形式、每一件艺术作品都具备鲜活的形象以及其所表达的情感、思想,个体经由情感共振进入作品当中才能了解艺术作品所蕴含的价值和意义。高校学生对于艺术作品的理解与感悟不能仅限于作品感性的外在形象,更要理解艺术作品所蕴含的人文价值、精神价值和历史意义,能够从更加广阔的角度和深度鉴赏艺术作品。艺术创作者的思维和审美理想与其生活时代的社会生产发展、经济发展和文化背景有着紧密联系。例如,唐代的陶瓷颜色鲜艳华丽且图纹和装饰引用了大量的外来样式和母题,从技艺上讲,唐代细腻的白色陶土上常常挂有多彩釉层,混合了铜、铁,甚至无色的含铅硅质,以产生丰富的色彩,蓝、绿、黄、褐一应俱全,挂釉也比以前轻薄,釉面上自然生成细裂纹。相较于汉代装饰朴素的青釉或褐釉,唐代陶瓷外形生动美观多样,图纹装饰也更加丰富多彩。这有赖于陶瓷技术的发展,而陶瓷技术的发展与当时的社会生产力密不可分。同时,安史之乱以前,唐代政治鼎盛、经济发展迅速、对外交往密切,陶瓷的图纹装饰受到西亚等国家的影响,样式比以往更加多元,呈现出更加华丽的姿态。艺术鉴赏应联系其时代背景、历史缘由和艺术背后的故事,让艺术由静态走向动态,成为"活"的艺术品与学生进行对话,使学生了解艺术品的深刻蕴含和时代价值,提升自我人文素养和艺术素养,成为一名具备高尚审美追求的新时代高素质人才。

(二)构建蕴含人文精神的育人内容,提升大学生的人文素养

中华文化博大精深,有着深厚的人文蕴含和哲学思想,这将为高校美育内

容的人文性构建提供智慧涵养。在提升大学生人文素养这一维度中,基于文化本位立场,以立德树人为指引,从人本位、人的社会性的双重逻辑视角出发,探寻传统文化与当代高校美育的融通之处,在中华文化的思想体系中找到适用于当代高校美育的育人内容,提炼人文精神和传统文化中的德性修养之美,以此构筑当代大学生的精神世界,强化其文化主体意识,提升人文素养。

1. 人格的塑造

"中国传统文化的特点是重视人与人生,强调人在宇宙中的崇高地位,由此而生成的伦理学思想也如此。"中华传统文化在感叹大自然的力量的同时,也肯定了人的价值。中国古代人文思想有着明显的人本位意识,而高校美育以主体性为原则,两者都体现出了以人为核心。《易经》中的"自强不息"可谓是对理想人格的集中表达,其哲学意蕴和人格之美可以为人格育化发挥积极作用,让学生在"自强不息"的情感体验中树立君子之风,积极探寻自我和人生的价值,实现高尚人格的塑造。"天行健,君子以自强不息"意为"君子与天共一乾德,故能自强,无须外力而自我前行",君子要自我进步,发奋图强,永不停息。"自强不息"是独立精神意志的表达,在激发自我奋进的主体意识中立而成人。"自强不息"是个体在审美教育活动中的自我完善,获取独立精神意志和进取的奋进精神,是个体在自立自强的价值体认中,站在主体性立场上,充分发挥主观能动性,在积极进取中将"知"与"行"融合,并将"自强不息"的精神品格完全内化,从而完善人格。"自强不息"是个体探寻人的内在价值和自我本质的过程,在复杂多变的外部环境中关注自我价值与人格建设,在自我独立和进取的积极体验中享受道德意志的自由快感。可以说,个体在"自强不息"的审美体验和人格建立中获取了自由快感,独立人格的建立带来了内心的自由和愉悦,这种审美享受可以净化心灵,让个体产生自觉的人格完善内驱力,从而促成自立自强、刚健有为的个体人格建设。

2. 社会责任意识的培育

传统文化传递了深刻的社会责任意识,家国情怀、社会责任是亘古不变的话题,因为"个体情感活动是在社会情境中展开的",人的生存和发展离不开社会。高校大学生是推动社会发展进步的重要力量,应该积极融入社会建功立业,投身于祖国和人民最需要的地方。怀古溯今,传统文化人文精神所体现出的社会责任意识对高校大学生的培育以及人文素养的提升有重要意义。无论是杜甫"安得广厦千万间,大庇天下寒士俱欢颜"的人民情怀,还是文天祥"人生自古谁无死,留取丹心照汗青"的爱国情怀,或是范仲淹"先天下之忧而忧,后天下之乐而乐"的以天下为己任的广阔视角,都展现了深厚的家国情怀和以民族命运为己任的关怀和责任担当。家国情怀和社会责任意识之所以能穿越历史到今日仍有强大的情感震撼力,是因为它承载了人们的民族情怀和爱国主义精神,这是以情感为纽带的民族信仰,可以实现自我的超越与自由,从小我走向大我,以大我之思铸就大我之境,实现更加开阔的人格境界享受和审美体验,进而实现人生境界的提升和格局的拓展,为提升高校大学生社会责任意识和个人担当提供情感动力和精神动力。

(三)创建广袤的空间美育内容,形成美的生活态度

从空间概念上讲,美育不只局限于校园和课堂,更要突破空间的限制,实现美育场域的多元化,捕捉自然和生活中的美育元素,创建更加广袤的美育育人空间。美的生活态度是指尊重自然,热爱生命,肯定自我价值与生命之美。所以,让学生走进动态的、真实的、开放的环境中,充分感受自然与生命之美,让教学内容具备生命形态,让学生在真实场景中实现主客体的交互,开启自我生命意识,形成美的生活态度,呈现向美的精神状态。

一是引入具有地域特色的人文景观。人文景观具有浓厚的历史文化气息,具备地域特色,并且有着较高的审美价值,这为学生了解高校所在地的人文风情、历史文化有着积极意义,是美育教学不可或缺的资源。人文景观是人类劳动实践和创造的结晶,是凝聚了人主体力量的对象,不仅蕴藏着传统技艺之美,还有其独特的形式之美,并向审美主体传递了深刻的人文内涵、哲学思想及生态审美智慧。艺术源于自然,但又超越自然,主体发挥创造力,巧借自然之灵美,集万物之精华,主体与地理环境交融,心与物合一,由此建立人与自然的双向审美关系,构筑出恢宏瑰丽的大美之景。审美主体以此感悟天地运化之美,将自我置于物我融合的审美境域中,感受人文艺术之美,体悟造景者和自然的相生相和,认识到人的价值以及顺应自然的重要性,领悟"天人合一"的哲学思想,培养大学生秉持人与自然和谐共生的观念。

二是以大自然为美育素材,让学生走进大自然,培养其以爱与呵护的眼光看待天地间一切生灵,尊重生命,热爱生命,感悟生命之美。生机勃勃、欣欣向荣的生命韵律也正是艺术创作的本源。鼓励学生走进大自然,将课堂延伸到校外，充分调动学生的感官，帮助学生从艺术的视角观察和感受大自然的声音、颜色、气味和形状的变化，感受不同时节的自然现象以及万物的变换，在真实的自然环境中丰富学生的审美体验。从审美感知到审美联想，学生对自然与生命的思考不断深入，将个体生命与自然相融合，并对自然之美和生命之美有了更深入的感悟后，建立美的生活态度。

美育在于情感的激发，唤起审美冲动，唤醒主体向美的生命意识，使个体呈现生机盎然的生命状态。审美活动不是单向度的，而是主客体共同作用的结果，是审美主体与审美对象双向交流中建立而成的。因此，美育要激发审美主体的本质力量，注重审美对象的形式与内容、情与理的和谐统一，让主体在审美活动中获取高质量的审美感受，从而净化心灵、丰富精神、塑造高尚审美追求。美育承担着立德树人、净化心灵、陶冶情操、丰富情感的育人使命，高校美育应从美育、美学、哲学、优秀传统文化的多维视角出发，丰富育人内容，为学生带来高质量的美育课程。

第三节 高校美育的功能与原则

一、当代高校美育的功能

（一）美育的教育功能

1. 美育是感性与理性的统一教育

美育是感性和理性协调统一的教育。其中，感性，就是指根据个人感情来看待事物，比较主观；理性，就是指不掺杂任何个人感情，根据现有的知识与经验来对某个状况进行客观的具体分析，冷静面对。首先，美育具有完整性与和谐性。在对人进行美育教学时，其途径是通过使人的心灵得到和谐与自由，从而不断完善他的人格。其次，美育具有感性与理性。当面对某个事物时，它能够给人们带来一种直观的美的感受，发展人的创造能力，感染人的理性世界，从而将人文精神与科学精神完美地结合在一起。

（1）以形象感化人，善在其中

在对学生进行审美教育时，教师向学生展示何为美、何为丑，学生了解了美与丑的标准，能够分辨美丑。在审美教育中，学生接触到许多美的事物，这些美的事物深入他们的脑海中，潜移默化地感染着他们、教化着他们。而且，这些美的事物在社会生活中也可以看到很多鲜明的实例，它们往往以一种鲜明可感的形象展现在人们眼前，如商场中琳琅满目的精美工艺品、艺术场馆中蕴含深刻思想的艺术作品、社会中的英雄模范人物形象、自然界中的花鸟虫鱼等。审美教育就是形象美的教育，通过让学生观摩、欣赏各种美的形象，使学生能够感知美，并且能够从中吸收它所蕴含的善，在获得良好审美体验的过程中也接受了道德情操教育，形成一种高尚的品格。

(2)以情感打动人，理在情中

审美活动，并不仅仅是欣赏某种物品的外在美，更重要的是要欣赏和理解其中蕴含的内在美，这个内在美就是指它所蕴含的道德情感。因此，审美活动是一种带有主观色彩的情感活动。在对学生进行审美教育时，要向学生说明这一点，让他们在鉴赏作品时始终带着自己的情感。在这个情感活动中，人们也会受到情感中蕴含的"理"的陶冶。

(3)以情趣娱乐人，教在乐中

人人都有爱美的天性，当欣赏到美好的事物时，人们往往会产生一种愉悦的情感。由于美的事物对人有一种十分强大的吸引力，因而人们在接受审美教育时是主动的、积极的，这种自愿性质的审美教育的效率也是比较高的。学生在感受美的愉悦中自觉地接受了美的教育。

2. 美育是全面教育的重要组成部分

美育是促进人的全面发展、身心协调发展的重要教育，是全面教育的重要组成部分。作为一种独特的教育，美育有助于推进人的思想道德素质培养，增强人在科学文化和身体心理等多方面的素质。

(1)美育有助于培养人的思想道德素质

能够陶冶情操、净化心灵，培养高尚灵魂。我们要认识到审美教育作为艺术审美活动，天然具备传情达意的美学特性，也属于情感活动。艺术是伴随人类社会发展的一种活动，其实就是人借助外在标志来主动地进行自身情感的融入和传达，并感染其他人，让他人与之共鸣，体会到其中的内涵和情感。《礼记·乐记》也对这一点有清晰的记叙："乐也者，情之不可变者也……夫乐者乐也，人情之所不能免也。"这也正体现了，艺术是人对情感的一种表达，能够使人感到愉悦，是一种必不可少的情感表达方式。正是基于艺术这种传情达意的美学特性，促使人们能够在审美教育活动中，受到情感的熏陶，能够在不同情感中感知和吸收艺术美,而学生能够通过接受审美教育活动,以陶冶自身情感。

在这种陶冶情感的基础上,美育自然就能够对人的心灵和灵魂进行净化,也就是先动情,进而动心,这正是深层次的美育。《礼记·乐记》有言"致乐以治心""乐也者,动于内者也"。"乐"能够治心,艺术能够使人的内心世界受到触动。《乐记》中的这些话,反映出了美育活动在净化心灵方面的作用。这种净化是从情感的传达开始的,当情感共鸣产生后,就会作用于心灵,使内心受到相应的影响,进而净化心灵,培养高尚灵魂。著名钢琴家李斯特曾经这样说道:"音乐能同时既表达了感情的内容,又表达了感情的强度……它可以感觉得到的渗入我们的内心,像箭一样,像朝露一样,像大气一样渗入我们的内心,充实了我们的心灵。"其他艺术也像音乐一样,其美感在于以情动人,然后动心。关于文字的审美特性,朗吉弩斯是这样阐述的:"通过文字本身的声音的错综复杂的关系,把作者的情感传到听众心里,引起听众和作者的共鸣……使我们心迷神醉地受到文章中所写的那种崇高、庄严、雄伟以及其他一切品质的潜移默化。"

(2)美育是培养人的科学文化素养的教育

有助于提升人的创造性,促进人的智力开发。审美教育的具体内容就是艺术教育,根据心理学实验研究表明,艺术能够使人的神经进入兴奋状态,让人的思维更加活跃。这种作用在形象思维上表现得尤为明显,在艺术教育活动中,人在艺术信息的刺激下,其形象思维会十分活跃,进而产生想象活动,这样一来,大脑皮质就会出现兴奋点,并且在想象活动进行的同时,这个兴奋点也会慢慢扩散,大脑皮质会随着这种潜意识活动来启动自身的抑制机制,即思维信号系统开始活跃。换言之,艺术教育活动会使人因其信息的刺激而产生形象思维活动,进而逻辑思维也变得活跃,这就会给人带来灵感上的刺激。

美育有助于提升学生在想象和理解方面的能力,也有增强智力的作用。从科学家的角度出发,艺术是他们发明创造的一种动力源泉。例如,爱因斯坦就十分热爱音乐艺术,甚至其最伟大的理论——相对论的创立也有着音乐艺术的一份功劳。从艺术家的角度出发,艺术在灵感方面的作用更加突出。正是诗人路德维希·莱尔斯塔勃的诗歌给舒伯特带来了灵感,才有了《小夜曲》这样动人的音乐作品。从学生的角度出发,接受审美教育,能够提升自身在想象和理解方面的能力,提升其创造力,使之更具思维能力,从而使对知识的理解更加简单和深入。

3. 美育是创新教育的重要体现

创新是时代的主旋律,对于国家而言,基于世界发展趋势和当前国情,坚持创新发展具有重要的战略意义。创新战略的关键在于人才,这就对教育提出了要求,高校需要提升自身创新能力,为社会培养具有创新意识和创新能力的人才,发挥自身的社会作用。高校加强创新教育,就是将创新精神融入各种教育活动及教育的各个环节,自然也会融入审美教育活动中。在不同的教育活动形式和内容中蕴含的是同样的创新精神,美育是创新教育的重要体现。由此可知,重视审美教育在创新意识和创新能力的培养上的独特作用是创新教育的要求,基于美育的功能可以发现,其在想象能力和相关的审美能力的提升上有着不可替代的作用。这种能力突破了狭义的审美能力的限制,关系着人的综合素质,也就是说与智力相关,表现在人的想象、创造等方面。我们从小就听过牛顿的苹果和瓦特的沸水冲开壶盖的故事,很多科学家的发明创造的灵感源于一个巧妙的诗性想象。这个小小的想象力的刺激让科学家获得创造灵感,焕发出强大的创造力,突破既定的理论范式,在更深的层面上开展思辨和创造,打破陈旧理论的限制,实现既定理论的突破,打开新的科学大门。可以说,科学领域的重要发展是科学家智性和悟性两个方面的发展,而非单一的智力因素作用的结果。由此可以发现,美育的特殊作用,能够让学生获得美感的创造升华,其想象、理解等审美相关的心理会在这种作用下活跃起来,进而激发出创造动力,形成创造的想象,并将此体现在行为活动当中。所以,发挥美育在提升想象力方面的作用,将有助于创新意识和创新能力的增强。

美育和智力开发教育二者有着特殊的联系,我国当前实行的教育体制中,将求真作为智力开发教育的重点,并且其教育的主要内容是前人发明发现的科学理论,是总结性的,其培养的就是理解能力和普通的动手能力。而在"真"面前,"美"有着别样的重要性,特别是从教师的角度来看,美育贯穿了其教学活动和效果,以及教育的理念和能力。其背后的支撑就在于美育是极富创造性的教育,在帮助学生形成和提升创造力方面有着独特的重要价值。为了探索想象与科学研究之间的联系,化学家范特霍夫对大量科学家进行过调研,得出的结论是伟大的科学家通常有着强大的想象能力。与此同时,不能忽视的一点是,不同于智力开发教育,美育虽然能够起到智力开发的作用,但是这种作用不是直接的、表面的,而是有着无法测量的特点,所以美育的这一功能往往不会受到教育工作者的重视,并且被认为是虚无缥缈的,或者被认为是单纯的娱乐,而不对此采取行动。这些观点显然是片面的,所以我们必须正确且全面地认识到美育是十分受学生喜爱并接受的一种教育方式,这是因为其形式的多样性、灵活性和趣味性。所以,我们应当对美育予以应有的重视,主动地、有序地构建并健全美育教育体系,借此潜移默化地培养学生的思维能力和创造精神。

(二)美育的社会功能

审美教育有巨大的社会功能,表现为可以激发爱国激情,可以使人开启智慧、追求真理,还可以使人心理健康、道德高尚、身体健美。

1. 美育使人激发爱国激情

《旧唐书·魏徵传》中"以铜为镜,可以正衣冠;以古为镜,可以知兴替"。美育的教学,从不同角度体现了文化之灿烂、山河之壮丽、人格之善恶。由此激发的爱国激情是自然而然的,这是美育重要的社会功能。例如,在对古诗古词古文欣赏的过程中,屈原、陆游、李白、杜甫、辛弃疾等一系列鲜活的历史人物历历在目。品味他们的佳作名句,感受到的是他们火热的爱国豪情;欣赏祖国的名山大川、历史文物,体验历史的悠久文化。即使是欣赏一幅郑板桥的竹画,仍然可以感受到人格的高尚。"衙斋卧听萧萧竹,疑是民间疾苦声;些小吾曹州县吏,一枝一叶总关情。"(郑板桥《潍县署中画竹呈年伯包大中丞括》)以美爱国,以文育心,以象观理,可以增强民族自豪感,激发大学生的爱国心,培养一种对祖国、对人民的深厚情感。

2. 美育使人追求真理,开启智慧

除激发爱国激情外,美育还有助于激励人追求真理,开启智慧。其原因在于美和真紧密相连,我们能够通过美的事物的形象感知到客观世界的真,基于辩证唯物主义自然观,对于客观世界,我们应当以辩证的观点去看待,反映其本来面目,这是科学精神的要求,蕴含着社会科学和自然科学的真谛。为了培养大学生树立正确的世界观,可以采取美育这种教育形式,对真理的追求是永恒的时代精神。美育教学活动中,关于形象思维的激发并非基于抽象思维这个出发点,有着一望可知的智力潜能开发作用。根据大脑科学研究,抽象思维和形象思维分别是大脑左、右半球的功能。同样有研究发现,拥有形象思维能力的大脑右半球是智力潜能开发的关键。关于形象思维,爱因斯坦曾说过对于问题的思维,往往是形象式、跳跃式的思维,然后用逻辑的语言把其表达出来。量子力学创始人——罗杰教授曾说道,量子是人脑中最微观的,用一个形象化的表达就是,从量子这种极微观的视角看人,就像一个人在同一房间里,能够分身数人,同时开展多个活动,如写字、唱歌、跑步等,这反映出人脑具有不可估量的潜能,关于开发人脑潜力的方法也是科学家致力探索的,不少科学家将大脑右半球看作智力潜能开发的关键,而审美教育正是关于形象思维的教育,能够对人脑右半球进行直接开发。审美教育涉及直觉思维、顿悟思维、灵感思维及多向思维等。我国数学家苏步青教授对此持有统一看法,形象思维有助于提升思维、开发思路,求真和求美是一体两面的,都是创造的过程,因此开展社会主义建设需要加强审美教育,借此创新思维方式和思路,促进开拓和创新。

3. 美育使人调控情感,心理健康

中央音乐学院开设了国内第一家音乐治疗室,有家杂志以"音乐是旗,爱是风"为题报道了这一事件,许多患者在轻松的音乐声中恢复了健康。人们常说"笑一笑十年少,愁一愁白了头"。大学生在紧张的专业学习中,有很多烦恼、不如意,如就业压力、婚恋压力、求学压力等。美育可以调整心理、振奋精神、缓解压力、增强心理防御机制,不仅是音乐,其他的美育活动也都有此功能。如古人看山水画,称为"卧游",书法的练习也可以静心屏息。在纵情山水中,人们则心旷神怡,内心不快、烦恼皆忘。徐志摩的《再别康桥》中"那榆荫下的一潭,不是清泉,是天上虹;揉碎在浮藻间,沉淀着彩虹似的梦。寻梦?撑一支长篙,向青草更青处漫溯;满载一船星辉,在星辉斑斓里放歌"。这么美的诗境,每个人听了都会振奋、向往。美可移情,可调整心理,是人们在社会生活中不可缺少的内容,也是大学生保证心理健康的重要条件。

4. 美育使人修身养性,身体健美

我国医学心理学家认为,人的许多疾病,如高血压、胃溃疡、神经系统的疾病都与人际关系失调有关。在社会生活中,紧张、悲愁、抑郁,不仅导致心理失常,也同样影响生理上的健康,造成不同的病态。中医认为,怒伤肝、喜伤心、虑伤脾、忧伤肺、恐伤肾。春秋时期的伍子胥一夜之间须眉发都变白了,是国人皆知的故事。社会美育活动开展得好,人间温暖如春,多组织一些健康的艺术活动,逐渐地社会风气就会好起来。大学里学生社团活动、艺术节活动多开展一些,大学生活也就丰富了起来。把美育教学与运动健身相结合,也是我们美育老师在今后工作中应当注意的。

二、当代高校美育的原则

原则是人们对问题进行观察和处理的准绳,一个人对问题形成的看法和进行的处理,通常会因为个人立场、观点和方法而有所不同。原则是抽象的,是源于自然界和人类历史的,要保证原则的正确性,就必须对客观规律进行正确反映。

教育的原则是从教学实践中抽象出来的。脱离了教学实践,教育原则就如无源之水、无本之木,唯有教学实践这个源头"活水来",教育原则才能"清如许",才能够持续更新发展。当教学活动产生之后,基于教学实践,人们进行了长期的探讨和研究,逐渐探求到了教学成功背后的一些规律,也总结了教学失败形成的教训。因此,古往今来的思想家和教育家就把这些规律和教训进行总结、提炼和概括,使教育理论原则得以形成,为教学实践提供指导法则。

人是复杂的统一体,兼具感性、理性及非理性,所以只有将人的感性、理性及非理性实现完善和发展的教育才算是完整的教育。如今,很多高校的大学生在对文学艺术作品进行欣赏的时候,并没有对其中蕴含的作者的情感和思想加以领会,也就难以在心灵和审美上获得享受;不管是传世的画作、音乐作品,还是大自然,都不能使他们的心灵被触动。由此可见,高校中普遍存在着这种大学生审美能力不足的现象,他们难以对美进行分辨、欣赏,也就无法对美进行表现和创造。其背后反映了美育的缺失。美育作为教育的一种,对于学生的培养有其自身的目标,那就是使学生形成较好的与审美相关的能力、情趣和修养,进而促使学生的人格获得发展和完善。美育有别于一般的知识教育、艺术教育或技术教育,其是全面性的审美素质教育,是将目标设定为培养学生完善人格的教育。美育对学生的培养,不仅仅停留在关于美的欣赏和创造的能力上,更是要使大学生在理想、品格、情操上达到美的境界,最终培育出完美人格。

如今,教育改革持续深化,促使学校美育越发受到社会重视,相关的理论和实践相比之前有所发展,但是其在高校教育中的实际状况仍旧不能令人满意。在当前的高校教育中,尽管在推进全面教育,但是相比德育、智育、体育、美育的完善程度明显不足,在实际的教育活动中,有着显著的问题,尤其是在教学方向模糊、教学原则缺失方面。这种问题主要体现在以下几个方面。

第一,仍然有部分教师和学生抱有"唯分数论"的思想,学生将通过考试作为主要学习目标,进而出现了严重的厌学现象,没有形成轻松和谐的学习氛围和环境,而这正是培养科学素质所必需的。

第二,在当前的高校教育现实中,位于主流的是理性主义教育,这种教育对理性进行了片面强调,而对感性和非理性进行了忽视,其主要目的在于让大学生习得理性知识和提高理性能力,主要采取的是科学的手段。这种教育没有做到实现学生理性、感性、非理性能力的全面发展,偏重理性而损害了感性,导致学生的感受力没有得到应有的发展,使其逐渐丧失了对新鲜事物的好奇心,在精神生活上存在贫困,严重者会使学生出现情感冷漠。

第三,高校教育还有一个普遍存在的问题就是美育和学生思想行为相脱离,不管是教师还是学生,都认为美育是一项课程任务,而没有将其融入学习和生活的行为活动当中,更不用说将其融入自身价值观。其背后的原因在于当前高校的美育没有审美过程,只有枯燥、抽象的理论知识。

第四,当前高校的美育过程呈现明显的模式化情况,阻碍了学生的个性发展,忽视了学生作为教学主体对象的差异性特征,向差异化的学生灌输单一的知识和教学模式。在教育中过分强调共同目标,而没有做到尊重学生个性,对来自不同生活环境、存在文化修养差距的学生都使用同样的教材进行教学;对于基础素养和兴趣、能力存在明显差距的学生都使用同样的试卷进行考核;这种用同一把尺子和同一评价标准是对学生学习和发展轨迹差异的忽视。当学生差异化的学习和发展需求没有得到应有的关注,当学生自身的教材之外的观点被否定,当公平流于"教"的形式而不存在于"学"的实际,将会出现的后果就是"因材施教"被违背和抛弃。更严重的后果在于对学生自由发展权利的剥夺、对学生个性的禁锢、对学生天赋的浪费。这样的美育教学只会使学生的灵性被磨灭,而成为没有个性和特点的模板。长期下去,中华民族的精神也会被损害。以上论述的现象都在多个角度反映出当前高校美育中原则的缺位,也都对学生完美人格的形成造成了阻碍。

基于美育基本定位,分析当前高校美育原则缺失的现实问题,本书认为,在高校开展美育教学要注重以下四个基本原则。

(一)乐中施教的原则

美育是情感教育,是让人感到"乐"的教育。就如孔子所言"知之者不如好之者,好之者不如乐之者""乐在其中"的状态下,使人们会自然地欣然受教。古罗马诗人、文艺理论家贺拉斯在《诗艺》中也提出"寓教于乐"的美育原则,明确表示诗歌能够让人获得乐趣和诸多益处,也会获得劝谕和启发。毫无疑问,美能够使人的感官获得愉悦,让人的情感受到触动,使人们沉浸于美,所以乐意受教。需要我们认识到的是,审美愉悦不仅是审美对象带来的,也是人自身的智慧和力量在发挥作用。所以,学生在参与美育活动的时候,其心理和精神上都是愉快的,会有强烈的情感体验,获得极大的审美享受。正是因为这愉悦感能够让人被感染和启发,能够让人被吸引,所以人们才乐于审美和美育。

美育乐中施教的原则,指在高校美育过程中,要基于教育目的,充分分析学生审美特征,做到美育活动的有的放矢,不仅让学生在美育过程中获得简单的生理愉悦,更要将之转化为蕴含理性的高尚情操的原则。乐中施教的原则有着明显的寓教于乐和以乐促教的意味,这就是其显著优势所在。高校美育应当遵循乐中施教的原则,在美育的全过程中要始终坚持愉悦教育和形象教育。

然而,在当前的高校教育中,存在着美育工作和实际工作不同步的情况,美育效果不理想、内容和方法过时,这通常表现为自上而下、千篇一律地讲道理,而没有考虑到学生的情感、年龄和个性等因素,将其放置在被动的位置,使学生无法积极投入其中,就会出现冷漠和抵触的情绪。唯有在学生人格培养的过程中融入愉悦性,才能够使这种说教式的单调和乏味的影响降低。所以,在通过美育对学生人格进行发展和完善的时候,要强调对其兴趣的调动,让学生不再被动参与,而是积极主动地投入其中,以美育促使学生在活泼且有意义的活动中受教育,将会取得理想化的教育效果。

要想做到愉悦性贯穿高校学生人格发展和完善的教育过程,就要做到以下两点。

第一,不管是教材还是教学过程,不管是教师语言行为还是教学环境,都要强调愉悦性和趣味性,因此,在编写教材时,不仅要突出思想深度,更要基于高校学生实际,避免空谈说教。在美育教学形式上也要做到多样化,可以采取组织演讲、话剧等多种方式,借助现代化教学技术,融入高校学生关注的热点话题。教师要起到启发和引导的作用,重视个别教育,尊重学生个性和发扬民主。

第二,组织高校学生喜闻乐见的活动。例如,组织学生观看蕴含美好品德的电影;鼓励学生参与校内演出,基于自身生活编演小品;组织主题阳光健康的歌曲和绘画比赛;等等。让学生能够通过活动参与美的欣赏和创作,并沉浸于其中,利用这一过程,学生就能获得各种情感体验,养成美的自觉意识,实现人格的发展和完善。

总而言之,进行教学时,美育具备愉悦性,学生感受到这种愉悦性会自然而然地转变角色,成为发现者和创造者,学习过程也会变成精神享受的过程,在这种引导下,学生会养成丰满的人格。

形象教育是美育要遵循的另一个特质。美学家蒋孔阳教授说:"美是形象,面对形象,不能单靠理性来认识,而要通过感性的形式,通过情感和想象,来体味感知。"从大卫雕像上,人们能够感受到顽强、坚定和正义的情感,在人们眼中他就成了保家卫国的一种象征。维纳斯雕像展现了巧夺天工的雕刻,呈现了完美的艺术形象,使人们从中能够感受到诗意和魅力,体会到一种崇高的精神美感。从古至今,美育就是通过美的形象让人们感受到情感和心灵上的愉悦,使人们学会感知自然万物的美,学会通过多样的美的形态去创造新的美,促使人的情感和操守受到陶冶。美育之所以能够以情动人,就是因为其具有审美形象。这种形象性不仅是指感性形象,也是指对形象所蕴含的情感的体会和领悟,情感的触动、持续、深化和表现都和感性形象的产生和运动息息相关,将形象性贯穿在美育的过程中,可以以美引善,使人在潜移默化中实现人格的完善。

美育具有形象直观的特点,尤其在高校学生人格培养上,能够给学生提供创造性思维的空间。美育能够借助诗情画意的形象让学生产生想象和联想,在外在形象和内在情感的相互交融的意境中,学生能够通过想象感受到千年之前、万里之外的画面和情感,从而产生强烈的学习兴趣,并激发创作灵感,进而进行创作,让自己的想象力获得丰富和活跃,最后达到开发智力、完善人格的目的。

所以,在高校美育教学中,教育者应当为学生提供走进自然和欣赏自然的机会,通过举办远足、登山等活动,让学生能够欣赏到美好的自然景象和人文古迹,以此感受自然之美,激发审美兴趣;应当为学生提供阅读和欣赏著名文学作品、绘画和雕塑等作品的机会,对其中所蕴含的美的情感和意蕴进行感受和感悟。文艺家创作的艺术作品都是创作者精神的凝聚和升华,蕴含着创作者关于人性的思考,关于真、善、美的追求,是人类文明的瑰宝。将经典文艺作品融入美育内容,能够在培养高校学生完美人格方面发挥不可或缺的作用。

不管是艺术,还是科学,都有着共同的基础,那就是人类的想象力和创造力,而美育则是想象力与现实、精神与物质之间的桥梁。从这个层面出发,美育可以说是促使学生在教育中,自觉和乐意地对美育进行享受,净化学生的心灵,帮助学生养成创新思维,达成人性美好境界。

(二)潜移默化的原则

人格的发展和完善并非一朝一夕之功,而是持续人的一生的;美育的作用同样并非吹糠见米,也需要花费较长时间进行培育。"学校无小事,事事都育人",高校教育要重视美育,将其作为学生人格培养的重要内容,全方位、全过程地开展美育。这就要求高校美育要避免选择急于求成的态度和拔苗助长的措施,而应当遵循潜移默化的原则。这一原则指的是高校要将美育融入学校教学和生活的方方面面、时时刻刻,让学生在学习和生活中被美育所影响,形成良好的行为习惯和思想道德。美育要遵循潜移默化的原则就要关注以下两点。

1. 让美育充分融入教育的各个环节、全部过程

在高校教学中,要让美育的理念、审美的意识贯穿全过程,不管是学校整体环境还是教师环境,不管是教育还是教学,不管是管理还是后勤,不管是教育活动的整体设计还是其细节把握,都要做到这一点。在教育中突出审美意识的目的在于使教育的目的和教育活动的目的能够更好地实现,帮助学生实现全面发展,尤其是人格发展,使学生的各种潜能得到开发。这既要求重视通过教育活动来促进学生掌握知识技能,提升身体素质、智力和审美能力,又强调促使学生养成完美的人格和良好的修养。让美融入教育过程,能够让学生朝气蓬勃,心情愉悦地进行自由创造,基于此组织的活动才是学生喜爱的、乐于参与的。美育以情动人,能够创造出和谐愉快的环境和氛围,让学生沉浸于其中,不知不觉地在美的感染和影响下,获得知识,并且完善人格,让学生潜移默化地实现人格的丰满与全面发展。

高校美育是全面的、全过程的,不仅仅局限于艺术、知识和技能这些方面,更蕴含在所有的教育方法、教育艺术之中。教育工作者的自身生活和情感中都含有美育的因素,超脱了一般的教育技巧。不仅仅是艺术学科的教育,更是在所有学科的教育教学活动中,都要体现美,这样才能吸引学生自觉和积极地投入学习当中,这样教学活动也就具有了审美性质,而成为独特的审美活动,不管是学生还是教师都能够在其中感受到美,感受到愉悦,潜移默化地实现人格的完善。

与此同时,美育作为全面教育的一部分,也与其他三部分教育,即德育、智

育和体育有所融合。进行德育时,可以采取文艺活动、艺术鉴赏等多种方法和内容,这样德育就打破了枯燥的说教,而具备了审美愉悦,也更能够吸引学生投入其中。进行智育时,要认识到其与美育是相互促进的,当学生具备充分的知识和智力,就能够更好地对美进行欣赏、感受和创造,也就提高了艺术素养。智育对学生想象力和形象思维能力的发展有利,有助于帮助学生获得健康的审美趣味,促使他们在学习中获得愉悦,感受到创造的乐趣。进行体育时,要确保健康体质和健美身材兼重,采取运动锻炼和形体训练相结合的方式,重视科学和艺术的结合,要认识到体育也能增强审美能力。组织体育活动时,要强调活动的精彩性,同时要提倡互助合作的精神,外在上要有健美的形体、协调的动作,内在上要有不惧艰辛、不甘人后、积极竞争的精神,对学生的品质、意志、人格进行培养。另外,劳动技能也要和美育结合。关于劳动技能的教育,要让学生能够学到实用的劳动知识和技能,并基于此帮助学生形成正确的劳动观念和习惯。创造无疑是美的,让学生能够在劳动创造中感受到美,这种体验能够促使学生更好地进行美的创造,追求美的生活,树立美的理想,形成美的心灵。

总而言之,高校在教育和培养人才时,不但要重视美育的独立性,将其学科特点进行突出,而且要重视美育的全面性和过程性,将其融入整体教育的全过程,发挥其潜移默化的作用,使之融入教育、管理的方方面面。

2.让美育与校园文化有机融合

校园文化具有特殊性,属于社会文化的一部分,其组成成分主要有校园文化教育、校园文化生活、校园文化环境、校园文化队伍、校园文化制度、校园文化政策及校园文化组织与设施等,是一个复合体。也就是让学生直接参加,基于完善的文化组织,借助当前存在的文化设施和政策,组织多种多样的校园文化活动,这样就形成了相应的文化环境,进而推崇相应的文化观念。校园文化是在科学的思维理念的指导下,构建的一种特殊的校园精神和风气。

在美育过程中,要重视校园文化这一重要途径,它具有饱满的内涵和显著的特点,能够为高校教育开展起到多样化的作用,在关于学生人格的发展和完善方面有着重要的意义。首先,高校应当不断对校园环境进行维护和修整,创造美好的景色,让学生获得多样的审美体验,让学生只要置身于校园就能感受到美。作为校园文化的物质载体,校园环境有着相当重要的功能,明亮安静的图书馆、温馨舒适的宿舍楼、宽敞整洁的教室、幽静清雅的小树林、蕴含人文精神的雕塑等，都能够使学生赏心悦目。良好的校园环境有助于学生更好地进行学习和参与活动。学生的生活较为简单，多数时间都生活在校园内，这不仅是学习的主要场所，更具有家的意味。如果这个"家"是杂乱的，生活在其中的学生自然会产生很多负面情绪，诸如焦虑、抑郁等；如果这个"家"是优美的，生活在其中的学生自然能够在美的熏陶下，获得愉悦的感受，潜移默化中形成良好的品质。其次，校园文化所具备的审美性，能够无形之中激励学生养成完美的人格，这种激励是"随风潜入夜，润物细无声"的春雨一般的熏陶。因此，高校要积极利用校园文化的这种审美性，努力构建尊重科学、求新求真、团结共进、积极阳光的校园文化，给学生带来直接的体验和感悟，让美深深融入学生的心灵世界。采取模范表扬的方法，以先进个人和先进集体的示范作用，对学生进行引导和鼓励。构建美好的校园环境和优良的风气，让学生的学习、科研和生活的需求均得到满足，情感品质得到熏陶，心灵得到净化。

（三）因材施教的原则

关于美，每个人都有自己的标准、偏好和感受，审美是主观的。每个人的生理感受不同、心理感受也不同，基于此，关于审美就有了差异化的需要、能力和情趣，对于美都有着其独特的认识和理解。所以，在高校美育活动中，也要注意到这一点，尊重客观规律，始终遵循因材施教的原则。这一原则指的是：高校美育要以学生个体的能力、个性和兴趣等采取差异化的美育方法、形式、内容等，让学生能够发展个性，能够实现自由发展。

从个人人格的完善和发展层面来看，尊重学生审美个性有着重要价值。教育学理论认为，因材施教原则背后反映出的是突出了学生的主体性，以及科学对待个体在身体、心理和智力上的差异，也提供了给学生的后续发展空间。从教育教学的视角分析，基于学生个体的具体情况，结合其差异化的特点，采取差异化教学，能够使教育做到有的放矢，能够帮助学生在适合自己的途径和方法下参与教学，最终实现教学效果最大化。正因如此，教育教学不能违背个体身心发展规律，而要坚持因材施教原则，这是对其规律的践行。

对于美育中因材施教的原则，我们可以从以下几个方面来贯彻。

1. 要对定位进行明确，做到从实际出发

开展美育之前要进行一定的准备，应当对学生基本情况进行了解，掌握学生的兴趣、优势，以及需要帮助的地方，明确其审美认知水平，对此做出科学定

位,先"把好脉",再找出"症状"。同时,还要促使学生加深自我认知,知道自身在审美方面的水平,发现自身优势,这样才能够使学生对学习充满兴趣,并最终形成学习自信。

2. 对症下药,基于学生具体特点,制定合适的方案,促进学生个性发展

进行美育时,教师要结合学生的知识基础、学习能力、爱好、才能等方面的实际情况,对不同的学生制订个性化教育方案,帮助学生扬长避短,实现针对性的美育。

3. 对个体差异形成正确的认识,并进行合理对待,提高学生学习积极性

进行美育时,要对学生在审美方面的需要、爱好和天赋予以应有的尊重,帮助学生发展自身的才能和爱好,并对此深入学习。这就对教师提出了要求,也就是必须要充分了解学生的具体情况,尽可能对学生的爱好加以全面把握,在适当的时机给予学生充分的帮助和鼓励,帮助学生建立起学习自信,提升其对自身进行美育的积极性和主动性。要想让学生获得真正的教育,就必须引导和激励学生进行自我教育。必须坚持因材施教的原则,这样学生的审美爱好和积极性才能够被充分调动起来,其审美能力才能够得到有效增强,从而实现个性的协调发展,最终实现人格完善。

(四)循序渐进的原则

高校美育过程中要坚持循序渐进的原则,这指的是为了通过美育来促进学生人格的发展和完善,应当按照人的认识发展顺序,做到由浅入深、由易到难、由低到高。

根据人的认识发展的客观规律,关于事物,人们形成认识都是从感性到理性、由表及里、由此及彼的,学生学习同样属于认识的形成,符合这一规律。所以,坚持循序渐进原则,在进行美育的过程中要立足由表及里、由简到繁的认识规律来开展教学的组织和安排。从高中到大学,高校学生面对的是全新的人生阶段,此时的学生长期生活在学校这座"象牙塔"之中,他们没有足够的实践经验,不管是在思想上、心理上,还是在行为上和处事上,都处于心理未成熟的状态,其审美观也是良莠不齐的,既有正确和健康的,也存在错误和不良的,而后者就会导致学生无法意识到美,甚至对美进行扭曲和颠覆,这对其身心健康

发展造成顽固的阻碍。所以，开展审美教育，要将帮助学生对美形成欣赏能力放在前面，先培养大学生健康的审美价值取向，进而对其审美想象力和创造力进行培养，最后帮助大学生实现人格的完善。这个培养过程就是循序渐进的。

1. 促使大学生形成正确、健康的审美态度

简而言之，审美态度指的就是审美观。正确、健康的审美态度要求对于世界进行认识和分析时要坚持从美的角度出发，欣赏美进而挣脱名利和物欲的束缚，保持愉悦感进而实现精神上的自由和沉浸。在这种审美态度下，高校学生将能够树立积极阳光的三观，能够以欣赏的眼光对生活中的美进行挖掘，以美的经验对问题和冲突进行解决，而不会犹豫不决，沉浸于一时的得失。对人生路上的艰辛和苦难保持平常心和正确的态度，在风雨浪涛中始终坚挺，对竞争压力进行消化并将之作为前进的动力，以乐观的态度面对学习、工作和生活。

2. 促使大学生强化审美欣赏和判断方面的能力

这种能力指的是人们参与审美活动时对美的感受、辨别和欣赏的能力。有了良好的审美欣赏和判断能力，学生才能够明辨美丑、区分善恶，才有了批判假恶丑、推崇真善美及将世界建设得更加美好的前提。培养这一能力要关注以下两点。

(1) 要对知识传授进行掌握，把握课堂教学这一阵地

借助课堂教学对审美知识进行传授，大学生就能够习得一定的审美理论知识，对美的本质、特征形成正确的认识，对美的内容和形式进行了解，进而养成基本的美学素养，并立足于此，树立正确的审美标准，进而以正确的理论为审美活动提供指导。

(2) 要积极组织审美实践活动

这样学生才能够有更多的机会参与到多样化的艺术实践当中，通过真实的审美体验，于大自然、社会活动、艺术作品当中感受美、体会美，将感情升华于这种沉浸和共鸣之中，进而增强自身审美能力，完善自身人格。

3. 帮助大学生提升审美创造能力

人才培养中不可忽视的一点就是对人的创造能力的培养，这对于人的人格完整也起着关键性作用。这种能力指的是，人们进行审美实践的时候，能够根据美的规律和原则，自主地对美的事物进行创造的能力。这种能力的产生和提升与身心解放、天马行空的想象力、强大的实践能力息息相关。高校学生正值

青春年华,十分热情活泼,乐于追求变化和新鲜事物,高校美育教学过程中要对其创作的热情进行激发,并且引导其在生活中坚持美的尺度和标准,在对世界进行建设和改造的时候坚持美的规律。为了提升学生的审美创造热情,高校要提供充分的平台,为其提供更多的机会进行美的创造和展示,为其注入勇气和信心及能力去创造美的人生和世界。对学生而言,美育能够有效增强其创作意愿、创造能力,以及达成人格的发展和完善的目标。

4.促使大学生形成用美来修养身心的自觉

高校学生正处于指点江山、挥斥方遒的阶段,他们风华正茂、好学乐学,有知识和才能。但是这些并不代表他们同样有着高尚的品质和情操,有知识和才能也不意味着一定能够拥有成功的事业。养成高尚的情操和道德离不开美的塑造。高校美育应当促使学生形成用美来修养身心的自觉,使之能够以美的要求进行外在和内在形象的塑造。除个人的努力外,不仅要具有良好的审美素养,还需要成长环境和成长方向的加持。所以,高校推进美育工作,实现学生素质的全面发展,是一场长期战役,要进行全方位的系统建设,除要建设相应的艺术鉴赏课程外,还要积极组织多样化的课外活动,将之作为美育的第二课堂,健全校园文化建设,创建美好的校园环境。同时,不能忽视积极阳光的艺术实践,开发学生潜力,促进其人格的完整构建,使其保持斗志昂扬的精神状态。帮助大学生通过审美素养的持续增强,以实现身心协调发展。

除此之外,循序渐进原则还体现在不断反复的美育过程中。美的熏陶是持续的,美好的文艺作品,经得起实践的考验,值得反复品味,并且在每次欣赏中往往会有新的体会和领悟。所以,进行美育时,学生的认识和体会是在持续深化的,想象力也在持续发展。这就意味着美育的过程需要不断反复、加深,在循环往复中实现人格的完善。

第二章

高校美育的现状及问题分析

第一节 高校美育现状

高校教育是国家进行人才培养的重要环节,而高校美育应贯穿于高校教育的德育、智育和体育之中,构成育人的教育系统。同时,美育又是审美活动中的重要环节,在进行美育的过程中,必须与审美创造、审美传播、审美鉴赏相融合,因此,在高校美育过程中,必须遵循育人的教育规律以及审美活动的规律。美育促进人的全面自由发展,在教育体系中的重要作用毋庸置疑,是不可或缺的关键一环。大学生是祖国的未来,青年大学生的能力素养水平将直接决定一个国家和民族未来的发展前景。高校肩负着为国家培养优秀人才的重任,因而,高校是开展美育的重要场所,也是重拾美育的重要阵地。因此,了解当前高校美育现状十分必要。在高校教育中,高校管理层、教师与学生,在重拾美育的过程中起着举足轻重的作用,了解当前高校教师与在校大学生对于美育现状的态度和评价,在解决高校美育困境,寻求发展美育、丰富美育途径等方面具有重要意义。本节主要依托对我国高校教师和大学生进行的实地访谈,对高校美育的总体情况、美育课程的开设情况以及高校教师和学生对目前高校美育的总体态度和评价进行了调查和总结,能够较为客观、真实地反映出我国高校美育的现状,从而为我国高校进一步加强美育建设提供了有益参考。

一、高校美育的总体评价

(一)高校美育是高等教育中的薄弱环节,实效性较低

访谈中,笔者团队设计了"您是否能切实感受到学校美育?"一题,针对这个问题,有70%的学生表示难以切实感受到高校美育。有些学生在回答中,明确表达："不能感受到学校美育,学校并不重视美学教育,只有少部分专业开设了相关课程。""学校美育真没有感受到。""没有感受到,没有发现。""学校可能一直在渗透,但学生甚至任课老师好像都没认识到。""感受不到学校美育,学设计的同学也只是学一些课本上的内容。"而且,从高校美育的功能发挥上来看,高校美育对于学生的审美意识的提高、审美能力的培养以及人格的养成所发挥的作用确实微乎其微。"从美育途径来看,主要有以下七种:一是在高校大学生思想工作中渗透美育;二是开设音乐、体育、美术等艺术类专业课程;三是开设人文素质类选修课;四是举办专家学者的学术演讲讲座;五是开展丰富多彩的校园文化活动;六是创建优美向上和谐的校园环境;七是通过专业课的教学,渗透美育,充分发挥各门课程、课堂教学在美育中的作用,鼓励教师积极挖掘蕴含在教材中的美的因素,使学生既掌握专业知识,又受到美的教育"。学生没有切实感受到高校美育的存在,说明在美育途径方面,高校利用的还不够充分,诸如开设艺术类专业课程、人文素质选修课和举办讲座这些较为直接体现高校美育目标的形式少有实施,那么意图将美育渗透到思想工作、融入专业课程、融入校园环境和校园文化活动这些相对隐性的审美教育的途径,就更难引起学生的关注,其所产生的效果不佳也是必然。高校美育受重视程度不够,导致高校美育成为高等教育中的薄弱环节,学生既无法感受到高校美育的存在,并且高校美育的育人功能又很难面向全校学生发挥作用,因此高校美育的实效性较低。

此外,80%以上的教师肯定了"高校美育环节确实是高等教育中的薄弱环节"这一观点,并认为应当加强高校美育建设。一方面,教师们认为高校缺乏对美育的重视程度,而且高校美育的被感知度较低,再由于学生和教师普遍美育意识薄弱,进一步加剧了学校美育的被忽视,从而促使学生和教师没有机会对学校美育产生感知。另一方面,由于高校美育的被感知度极低,其所具有的育人功能又很难发挥作用,这导致了高校美育虽然具有促进学生人格养成的功能和目标,但是,在提升学生审美意识、提高学生审美能力、养成学生完美人格方面显得"力不从心"。新时期,以美成人的美育的核心是实现对生命的关怀,唤醒人们对美的感悟,培养欣赏美、创造美的能力,构建自由、和谐、创造和完善的健康人格。然而,当前高校美育的被感知度低下,使高校美育自身没有真正发挥提升学生全面综合素质的作用,没有实现美育育人的核心目标,导致在实效性方面表现出极低的效能。

(二)高校师生对于开展高校美育普遍持积极肯定的态度

90%以上的高校教师和大学生认为高校美育对于学生的素质培养和人格养成具有积极的促进作用,认为美育可以使学生加深对于美的理解,是对大学生世界观、人生观和价值观形成的正确引导,促进学生自身的全面发展和成长成才。具体归结为以下三点:

1. 高校美育有利于大学生树立正确的世界观、人生观和价值观,使大学生能够正确地判断真假、美丑与对错

在访谈中,了解到高校师生认为高校美育对于大学生的全面发展和成长成才具有重要作用。通过高校的审美教育,能够帮助大学生正确地看待和判断社会生活中的事物,拒绝虚假的、丑恶的、错误的事物,接受真善的、美好的、正确的事物,从而以此来规范、端正自己的行为,完善自身,促进自身的全面健康发展,是树立正确的世界观、人生观和价值观的重要方面。访谈中,有受访者明确表示:"高校美育是对大学生进行综合素质提升培养的重要举措,能够促进大学生形成更加完善的人格,帮助大学生树立正确的世界观、人生观和价值观。"此外,还有教师和学生结合美育课程,阐述了自己对于高校美育作用的看法:"大学生的成长成才和全面发展需要有多方面的知识积累,美育课程能帮助学生开阔视野、丰富知识,提高对美好事物的认识和判断,因而学校美育不仅是知识层面的教育,更是思想意识层面的教育和提升。"

2. 高校美育能够促进大学生具备发现美、感受美、体验美、欣赏美、创造美的能力,提高审美素养,使大学生感受到生活的美好,提高生活质量

席勒是人类历史上提出"美育"概念的第一人。他认为:美育的内涵是自由,是人性的解放的自由,是通过审美克服人性分裂,走向人性完整;是超越实在的一种审美的自由,是一种"心境"意义上的自由。访谈中,高校师生大都认为,高校美育能够促进大学生具备发现美、感受美、体验美、欣赏美、创造美的能力,而这样的能力是提高审美素养的基础,因为审美素养体现的是一种全面的综合素质,需要持续的积累和培养。审美素养的提高和自由"心境"的养成,是大学生发现、体验生活中的点滴美好的保障,从而提高大学生的生活质量,增加幸福生活指数。访谈中,有学生提出:"学校美育让我们对美有了新的认识。不仅仅将美局限于单一的外在美,而是深刻理解美的真正内涵,从而能够发现身边更多的真善美,能够让我们更加自由、轻松、快乐地学习和生活,高校美育是一种让我们更多地感受到生活正能量的教育。对大学生的全面发展和成长成才具有重要的积极作用。"此外,还有学生认为,学校美育能够培养大学生的美感,提高修养和品位;开阔视野,接触高雅艺术,丰富个人情趣;培养健康向上的兴趣爱好,丰富课余生活。因而,高校美育不仅是一个能够提升个人综合能力素质的教育,也是一种能够极大丰富大学生精神生活的教育,对大学生的全面发展和成长成才具有积极的促进作用。

3. 高校美育能够提升个人素养和气质,提升大学生在人际交往中的魅力,增加求职就业的成功率

美育是美的教育,是人指向人的心灵的教育,是人类通向美的境界的阶梯。具有审美素养的人,言谈举止、举手投足之间都会彰显长期接受教育而逐渐积累形成的内在修养,展现出一种高雅的气质。因此,高校师生都认为加强高校美育,能够提升大学生的内在素养,彰显高雅气质能够使自己在人际交往中焕发更多的魅力,获得更多的人脉关系,受到他人的尊重和欢迎,同时能够增加求职就业方面的成功率。访谈中,有学生清晰地发表了自己的观点:"学校美育,能够让我们接触到更多高雅的艺术,在美育的熏陶中,逐渐养成不凡的气质,彰显大学生有文化、有素质、有修养的一面,在同他人的交流过程中,能够显现出大方得体、落落有态的良好形象,这等到我们大四需要进行求职就业的时候,我想也能够为我们的就业面试增分;此外,通过具体知识的教授和学习,我们能够广泛了解和掌握有关音乐、美术、服饰、色彩等方面的知识,这不仅能够丰富我们的爱好,增进我们同他人的交流,获得更多成长的机会,而且接受一段时间的审美教育,我觉得无论在思想上还是在行为上,都会逐渐养成一种良好的习惯,这些习惯对于我们在未来能够成为一名更加出色的人十分有益处。"

此外,调查数据显示,98%以上的教师认为高校教师应具备美育意识,美育意识是高校教师所必须具备的重要意识之一,学校加强美育建设,不仅能够促进学生美育意识的加强,提高审美能力,有利于其自身的人格养成和顺利成长成才,也有利于教师的美育意识的提高,促进教师全面综合素质的提高和教育教学能力的提升。主要归纳为如下两点:

(1)高校美育能够促进教师提升美育意识,有利于教师更好地开展教育教学活动

访谈中,90%以上的高校教师认为美育意识是所有高校教师所必备的意

识。在高校课堂上,教师通过自身丰富的知识积累、得体的言谈举止和独特的人格魅力,将一堂生动、充实的专业课程教授给课堂上所有学生,这就是一种审美教育的过程,美育贯穿高校整个人才培养过程之中,是一种隐性教育和显性教育的融合体。高校美育是一个系统工程,作为高校教育系统中的每一位教师都应该具有美育意识,注重自身的一言一行,有意识、有目标地对学生的思想意识产生积极的影响,这是教师开展教育教学活动的有力保障。访谈中,有教师直接谈道:"高校教师应该具有美育意识,并将其渗透到教学中,这将有利于教师更好地开展教育教学活动。虽然目前总体教学体系,课程安排的不合理使其难以实施,并且现有教师队伍本身人员也缺乏基本的美育、审美意识,因而很难通过教育传达及影响到学生,正因如此更应该加强高校教师的美育意识。"

(2)美育意识对于教师成长和综合素质提高具有重要意义

一方面,具有美育意识的教师会将美育的内容和方式方法融入教学的全过程,这种具有新意的美育思想的融入,会使课堂更富有生机和生命力,能够激发学生的学习兴趣,提高课堂效果和效率;增加教师授课的自信心,也提升教学水平和教学质量,对于教师的职业生涯发展具有积极的促进作用。

另一方面,具备美育意识的教师,在言谈举止和自我提升方面会提高对自身的要求。具备美育意识的教师,无论是在课堂的授课过程中,还是在日常与学生的交流过程中,美育意识都会始终贯穿教师行为和思想,因而教师会有意识地从美育的角度来自觉约束和形成自身合乎"美"的言谈举止,这对于提升高校美育效果,树立高校教师的良好形象和影响力也具有积极的促进作用。

具备美育意识的教师会有意识地在自我修养和自我提升中注重补充美学方面的知识,这既是教师对学生进行美育所必备的知识储备,也是高校教师逐渐形成和完善自身的审美素养的必然要求,因而,高校教师具备美育意识,会促进教师自身综合素养的提升。

二、高校美育的认知现状

了解高校师生对高校美育的评价和态度,是建设和发展高校美育的思想前提,而对于高校美育目前具体情况的掌握则对于进一步建设和开展高校美育具有关键性的作用,是决定着高校美育建设应该从何处着手,应该采取何种措施的重要依据。在调查中发现,目前高校师生对美育概念认识存在多样化现象。

美育是审美教育的简称,曾经被称为"美感教育""情感教育""人格教育""艺术教育""审美观教育""审美能力教育""美学知识教育"等,这样的称谓显示出,在过去,大多数人对于美育的概念和范畴的认识以偏概全。因而在这样的一种情况下,造成大众对于美育认识的长期不一致,以及对美育概念界定的模糊。在访谈中,从学生的表达中,我们能够比较直观地了解到大学生对于美育概念认识的不一致,有的甚至明确表示不知道什么是美育。高校师生对美育概念认识存在多样化现象。

(一)认为高校美育是课堂中对学生进行的审美知识和审美感受的教育

在访谈中,所有对于高校美育做出进一步认识补充的大学生都认为高校的美育课程是高校美育的重要方面。但是,通过分析大学生的表述,也了解到有30%的学生对于高校美育的评价是以高校是否开设美育课程为标准的,他们认为高校美育,就是高校的美育课程教育。这些学生认为,课堂是教授审美知识、培养审美感受的重要途径和场所。

如表示自身感受到高校美育的大学生认为:"学校开设美学教育课程让学生有机会直接地接触生活中的'美'与'真'。""学校开设《现代美学创意》,课程的主要内容是教学生对不同的画、字进行鉴赏,学生们普遍反映感觉很好。此外,还有《体育舞蹈》课,老师在课上教学生华尔兹等舞蹈,提升了学生的个人气质。""《艺术概论》等课程,老师引导学生逐渐形成审美意识,提高审美的品位,深入了解艺术家的创作灵感与艺术理念。此外,课上给学生放映一些比较有特点和新意的艺术作品,使我对美有了更深刻的认识,对我的审美产生了重要影响。"还有大学生表示对高校美育感受不深刻,他们认为:"对学校美育感受的不是很深刻,专业课压力大。选修课涉及美育,学生也都是为修学分才选课的。"表示不能感受到学校美育的学生一般认为:"学校基本上没有开设过相关的课程。""因为学校开设的课程基本上是和专业教育相关的东西,即使有少量的美育方面的课程,资源也很少,一般的学生平常也很难接触到,所以几乎不能感受到学校美育。"从学生的表达中可以看出,学生将美育课程作为高校是否存在美育的重要评价标准,即认为高校美育是课堂中对学生进行的审美知识和审美感受的教育。

(二)认为德育就是美育,将德育与美育相混淆

在访谈中发现一些学生对于德育和美育的界限并不清晰,或者将美育同德育相混淆,或者将二者同一。有学生谈道:"我觉得自己能感受到一些学校美育,比如说最近一直严抓的学校学风和道德建设,以及平时的一些小活动,都积极引导了当代大学生应该如何正确地看待事物和看待美。""我认为学校的德育评比就是学校的美育。""学校对我们学生进行的有关马克思主义理论的学习,不断提高我们的思想素质,培养我们全面认识美以及分析伦理学意义上的美,陶冶我们高尚的道德情操。我认为这是学校对我们进行的美育。"当然,我们知道美育和德育是有区别的。美育和德育都是教育的要素之一,当然和教育一样具有培养人的功能和作用,但是,美育和德育又都具有其各自的特色和教育的特殊目的和目标。"德育主要在于培育具有自觉的道德意识和高尚的道德行为的人,也就是道德感强烈、一心向善的人……美育则主要培育具有先进的审美感官和高度的审美能力、能独立从事审美欣赏、独立从事审美创造的人,也就是执着进行审美追求的人。"美育应该渗透在德、智、体、美、劳等各方面教育中。在德育教育过程中,要强化文体活动、艺术鉴赏、时事教育、实习实践、文明规范等形式、内容和过程,使德育充满愉快的情趣并具有吸引力。明确了美育和德育之间的关系。王国维对美育的功能进行了概括,在《论教育之宗旨》中,他指出,"美育者,一面使人之感情发达,以达完美之域;一面又为德育与智育之手段"。因而,通过访谈,我们可以发现,大学生目前还并不能真正理解美育的内涵,存在对美育的片面认识和模糊不清。

(三)认为美育就是对审美能力和审美素养的培养和教育

在访谈中,也有学生对于美育的看法与其他大学生看待美育的视角不同。他们没有过多地考虑学校美育是通过何种方式、借用何种载体来开展的,而是从美育的效果着眼,提出了学校美育是学校对于学生审美能力和审美素养的培养和教育。如有的大学生在访谈中讲道:"在我们学校开设了美育课程,且在学生的日常生活中通过各项活动把正确积极的审美观融入了大学生的生活之中,这种方式更加能深入培养大学生的美学素养,有利于大学生美学素养的形成。""我能够感受到学校美育,学校立足当前大学生审美素养的现状,以培养学生良好的审美能力、审美情趣和审美修养为目标,把握构建大学生审美精神的内在规律,使我摆脱社会现实的条条框框,促进了大学生审美教育的发展。"当然,在访谈中有的大学生表示没有感受到学校美育,但是其中有的学生对于美育发表了自己的看法:"我不能感受到学校美育,大学课堂基本采用'满堂灌'的机械式教学方式,通过这种方式也许能够容易让学生记住知识,但使学生缺乏灵活运用知识的能力,更重要的是在思想上限制了大学生的自我思考的空间,影响了大学生审美能力的提高。"访谈中,无论是感受到还是没有感受到高校美育的学生都是从是否促进了审美能力和审美素养的养成的角度进行观点的表达,认为美育就是对审美能力和审美素养的培养和教育。

三、高校美育的课程现状

通过访谈、浏览网站对18所高校的美育课程进行调查。调查发现八成以上的大学生对高校美育课程提出意见,认为应广泛加强高校美育建设,增设丰富的美育课程。

(一)多数高校还没有建立起美育课程体系

18所高校中,仅有五所高校开始尝试建立美育课程体系,即70%以上的高校还没有建立起美育课程体系。高校的美育课程是高校美育的重要载体,大学生关注高校美育,对高校美育评价的重要指标就是高校的美育课程。在这尚未建立起美育课程体系的高校中,在对这些高校学生进行的访谈中问到"您认为学校美育存在哪些问题亟须改进?"时,有超过80%的大学生认为高校美育课程存在很多问题,归纳起来包括如下三个方面:

1. 仅开设美育通识选修类课程,且课程数量较少,覆盖面小

高校的美育课程面对非艺术类的学生主要以选修课的形式进行普及。但是从目前的调查来看,大学生普遍反映,高校的美育课程数量较少,能够选修到的人数极为有限,和整个学校的总人数相比,其所能产生的影响微乎其微,很难满足广大学生对于美育课程的需要。这也很好地反映出访谈中出现的一个现象,就是同一所学校的学生,有的学生提到自己所在高校存在美育,因为开设了美育的公选课,而有些学生则表示完全没有感受到学校的美育,而在这样的学生中,有很多都表达了希望学校能够开设美育课程的愿望。这里很明显地反映出,虽然高校开设了美育的公选课,但是由于课程数量较少,覆盖率较低,使很多学生无法选修到此类课程,造成了高校美育的进一步缺失。访谈中,有学生直接提出希望学校能够增加选修课的数量,以满足广大学生对于美育的学习需求。

2. 美育课程的内容较为传统,缺乏创新,没有相应的美育教材

访谈中,在问及"您认为学校是否有必要开设独立的美育课程?应讲授什么内容?"时,80%以上的学生认为有必要开设美育课程,不过针对目前的美育课程的开设情况以及其他课程开设的现状,大学生很客观地提出了美育课程的

现存问题,比如他们认为目前高校开设的美育课程比较陈旧,还停留在以前,没有及时地进行调整以适应当代青年大学生的审美需要,于是使美育课程显得空洞无味,缺乏实用性。时代是不断进步和发展着的,人们的审美感受和审美需求也在发展着、变化着,教师需要在教学内容中增添更多的时尚元素和时代气息,才能够引起学生的学习兴趣,进而能够切实发挥高效美育课程的育人功能。除此之外,还有学生提出美育类的教材几十年都没有改版更新过,更多的美育课程根本没有相关的教材,高校美育课程需要加强建设,美育教材的编撰更新是一项重要任务。

3. 教学方法、授课形式比较陈旧,缺乏新意

在访谈中,针对美育课程,大学生认为大学生美育课程的讲授方式和方法有待开拓,现在的很多美育课程在教学方法和教学形式上同其他专业类或是其他公共选修课很相似,几乎都是"老师讲,学生听"的一味灌输,缺乏教师与学生之间的互动与交流。长期以来,中国都采取"灌输式"教育。"灌输式"教育采用的教育方法主要是讲解,这种方法让学生只能单纯的接受、输入并储备信息和知识。这种教育方法使学生失去了批判的能力,只能成为信息和知识的适应者,"灌输式"教育抑制了学生们的创造能力。隐藏在"灌输式"教育背后的假设是:人仅仅存在于世界中,而不是与世界或者其他人一起发展。受教育个体在"灌输式"教育中只是被教育的更适合这个世界。"因为他们的安宁取决于人们在多大程度上适应其造就的压迫世界,以及在多么小的范围内对这世界提出质疑。"20世纪以来,西方教育家对"灌输式"教育的否定和批判,推动了现代教育在观念上的转变,由被动教育向主动教育转变。而目前要极力倡导建设和发展高校美育,就是要逐渐克服这种一味地灌输,在教学方法缺乏新意,缺少一些能够寓教于乐的好方法和好方式的情况下,努力加强美育建设,开辟新的方式方法,切实发挥美育课程的作用,塑造学生良好的人格品质,培养有创造精神、创新能力、具有智慧和能够解决实际问题的全面发展的人才。

(二)少数高校尝试建立美育课程体系

在对18所高校进行的调研中,仅有华南理工大学、西安交通大学、首都师范大学、四川师范大学、清华大学和北京大学已经开始尝试建立美育课程体系,并取得了一定的成效。

华南理工大学建立的"人文美育—语文"课程体系,通过把传统的大学语文

知识教学,提升为蕴含了美育价值的教学活动,实现了从"美的语文"到"美的教育"的转变。该校就是在一定程度上突出了学科教学的美育功能,而且是指向学生人格养成的美育,通过美育教学培养学生的人文精神,进而促进学生人格完善。

西安交通大学开设了多个类别的美育选修课,其中主要是各类艺术赏析、文学作品赏析、艺术创作技能训练、美学或美育学科课程、美育参观等实践。此外,该校还实行了《本科生课外8学分美育评分细则》,学生可以通过参与各类美育课程或校内外美育活动而获得相应学分,使学生可以根据自己的个人兴趣来选择所学课程。

首都师范大学在美育课程的作业、考试方面采取了一些改革举措,有一定启发意义。该校采取了如下考核方式:第一,"开放式作业"。即每学期分2—3次布置作业,作业分为教师命题和学生自选两类,既保证了教学目标的实现,也给学生提供了更大的灵活性和自主性。第二,"口笔结合"。改革考试命题和评分方式,将笔试和口试结合起来,着重考查学生掌握基本理论的程度和运用理论进行自我阐发、逻辑性表达的能力。第三,"综合评分"。取期末考试(70%)+平时作业30%(含2—3次作业、课堂讨论、审美考察活动参与情况等),综合评定学生的总成绩。

四川师范大学的美育课程体系在"坚持课内与课外相结合"方面也颇具特色。1985年,四川师范大学在全国高校中率先创建以培养大学生审美情操和艺术素质为主要任务的"业余美育学校";1993年将"尚美"写入校训;1995年将"业余美育学校"改建为"美育学校",不断加强审美教育课程建设,持续拓展审美教育第二课堂,已取得显著成效,该校先后获得"全国艺术教育先进单位"等省级、部级、国家级审美教育奖近10项。

清华大学的美育课程体系在"坚持课内与课外相结合"方面有比较丰富的理论和实践经验。几十年来,清华大学一方面设有艺术教育中心,开设"音乐基础知识与欣赏"等各门类艺术自选课。另一方面,广泛开展课外艺术教育活动。1914年学校就在学生中成立了歌咏团,后来又成立了国乐社、国剧社、美术社等各种文艺社团。当时,学生们进行"救亡寅传",高唱《国际歌》《义勇军进行曲》,演出《放下你的鞭子》等剧目,以鼓舞人民抗日。新中国成立后,又成立了军乐、合唱、舞蹈、话剧等文艺社团。1958年学校正式建立"清华大学学生文工团",

1993年改称"学生艺术团"。现在的清华学生艺术团共有军乐队、民乐队、交响乐队、合唱队、舞蹈队等10个队,有来自全校的本科生、硕士生、博士生共600多名成员,是国内高校中规模最大、人数最多的学生艺术团。丰富多彩的课外艺术活动和整个学校的治学风气结合在一起,培养出多种多样的出色人才。许多清华学生既在学术研究上颇有建树,又在艺术领域很有造诣。很多人会使用一两种乐器、会识乐谱,懂得欣赏高雅音乐,有着较高的艺术修养。清华的教育观认为,"没有美育的教育是不完整的教育"。在学校里开展艺术课外活动,对提高学生全面素质,包括活动能力、心理素质、性格情操等方面,有很重要的熏陶作用。艺术教育也是情感教育,通过长期艺术活动的实践,使多数同学不仅充满朝气,心理素质好,还重感情,为人坦率、真诚。在清华大学,艺术教育被师生誉为培养学科带头人的"加速器"。1999年11月,中央工艺美院与清华大学合并,成为清华美术学院,进一步促进了清华美育教育的开展。清华大学不仅重视校内的美育建设,而且在引入校外美育艺术方面也尤为重视,每年拨出专门经费,邀请高水平的艺术团体来校演出,使学生了解中国和世界艺术文化的精华,提高欣赏水平和审美情趣。

北京大学在加强校内艺术教育的方面做出了很多努力,开设了丰富的美育课程,在校园环境、校园文化活动方面注重美育引导,实现校内美育课程与校外的实践课程相统一的美育课程体系。除此之外,北京大学还很注重校外美育活动资源的引入。如从课堂走向博物馆、参加合唱团、参加美术作品比赛等都是认知美、实践美、创造美的良好途径。北京大学丁宁教授就曾指出:美育不仅仅是艺术教育,它既包括被动的接受教育,也包括主动地参与实践。因此,北京大学在美育课程体系建立的过程中,注重美育知识教育与美育实践类课程同步开展,以促进学生审美意识、审美能力的提高,实现学校美育教学的育人功能。

四、高校美育的途径

高校美育与知识教育不同,它的根本目标不是要学生掌握艺术知识和艺术技能,而是通过美育使学生能够发自内心地感受到美。高校美育的途径主要包括教师的言传身教、美育课程、校园文化与环境、校园文化活动和校外实践活动。从调查的数据来看,高校美育途径按重要程度排序,依次为:言传身教、课堂教学、校园文化与环境、文化活动(包括校园文化活动和校外实践活动)。

(一)教师的言传身教是高校美育开展的重要途径

师者,传道授业解惑也。教师在学生的成长历程中扮演着重要的角色,对学生的成长和成才起着举足轻重的作用。在对大学生进行访谈时，提及教育方面的问题，学生们似乎很本能地首先想到教师。教师的一言一行反映着学校的美育，教师或者辅导员对于自身的审美教育起着重要作用。有学生说："我从辅导员身上感受到的学校美育比较多，比如之前地瓜爷爷的事，就是由辅导员组织大家开展的一次献爱心活动，从这样的活动中，让我们深深体会到奉献与关爱，这对于提升我们感受美、判断美的能力很有帮助。""专业课老师对自身的完善和修养能够影响和熏陶学生们的生活。""学院里有很强的美学气息，展览馆、教师及教师身上都洋溢着美的气息，受教的我们无疑会被其感染。""能感受到学校美育，老师们身体力行，是我们的榜样，教会我们什么是美，如何看待美、发现美。""我从老师们的一言一行中能够感受到学校美育。"教师的言传身教能够给学生带来深远的影响，其中，教师具备足够的人格魅力是必要方面之一。教师的人格魅力是指拥有健康人格的教师，以其真才实学、真情实感和真知灼见等被学生所认可和赞同的思想、道德、意志等内在品质，对学生产生了一种具有同化和影响作用的巨大吸引力，是教师的才、情、智、气质、能力、品质、语言等各方面感染力的综合，是教师的内在品质的外在表现。此外，教师的外貌衣着也是教师对学生产生影响的重要方面，教师在衣着服饰方面，展现出优雅大方、端庄得体，这是从一种直观的视觉角度向学生传达的美的感受，是一种审美的教育和影响。因此，教师的人格魅力和外貌衣着是教师对学生产生积极影响的重要方面，对学生的人格培养起着至关重要的作用，是教师的言传身教能够得以发挥正面影响的重要保障。因此，教师的言传身教是促进学生人格养成的重要途径。

（二）课堂教学是高校美育开展的常规途径

课堂教学是学校对学生进行教育的最为常见和常规的途径。美育的课堂教学一般包括专门的艺术类课堂教学、通识类课堂教学、融入专业的专业类课堂教学以及校外实践类课堂教学。"开设美育课程，尤其是开设与艺术教育和专业教育相结合的选修课程，少而精地讲授美学和美育的知识、理论、观点、技法等，辅以生动活泼和形式多样的实践体验，有助于调动学生的积极性和主动性，直接而集中地提升学生的知、情、意的审美境界，增强识别美丑，进而提高发现美、体验美、欣赏美、创造美的能力"。因此，美育课堂的建设不仅要加强传统观念中的校园内的美育课堂建设，还要加强和丰富校园外的实践课堂，如组织参观美术馆、民俗馆、博物馆等,在参观的过程中听导引员的介绍,了解相关艺术作品、民俗风貌和历史文化等,丰富知识、开阔视野,同时,邀请相关的专家名人针对参观主题进行专题的讲座,进一步加深学生在校外课堂的学习感受,并且通过教学形式的丰富性和多样化,培养学生对于审美艺术的兴趣,从而进一步加强学生的审美意识,提升高校美育对学生人格的培育功能。

(三)校园文化、校园环境是学校美育的普遍途径

校园文化作为学校教育的重要组成部分,是学生审美素养养成过程中的环境、氛围因素,是最普遍的教育载体。校园文化是指学校师生在教育、教学活动中所创造和形成的精神财富、文化氛围以及承载这些精神财富、文化氛围的活动形式和物质形态。校园环境,包括了校园的建筑、校园活动场所和所有教学设施设备,它们既是校园文化的物质载体,也是校园文化的重要形式。

高校美育蕴于高校校园文化之中,通过校园的自然景观、人文景观、校园建筑等向学生传递审美感受,提升学生审美意识,提高学生审美能力。高校师生认为高校的校园环境是能够体现学校美育的重要载体。从这项调查的结果来看,高校师生对于美育的认识并不单单局限于教师在课堂上的"你说我听"的直接知识灌输和审美感受的影响,他们对于美育的认识相对更加广泛。在调查中,一些学生发表了自己的观点:"能感受到学校美育,学校美丽的环境下处处有美。""能够感受到学校美育。学校不仅环境美,而且楼体建筑美、舞台美、文字也美。校园里的美无处不在,这是学校的美育。""学校通过利用条幅、板报、橱窗等宣传工具,用一些具有引导性和鼓励性的话语时时刻刻提醒我们关注美、认识美。""学校的环境和教学氛围,都能够让我们感受到学校的美育。""能感受到学校美育。除了美育课程,学校还开设美术展览馆,供学生去欣赏中外名家的优秀作品。"通过访谈,我们可以了解到,高校师生对于校园文化、校园环境作为学校美育的最普遍的教育途径十分认可。

(四)各种校园文化活动、社会实践活动是学校美育的关键途径

校园的各种文化活动是校园文化的重要组成部分,也是大学生校园生活的重要方面。在访谈中,在被访学生被问到"您认为学校美育存在哪些问题亟须改进?"和"您最喜欢的学校美育方式是什么?"两个问题时,90%以上的学生提到了希望在高校中广泛开展形式多样的美育活动,其中"实践活动"一词被提到的频率最多。高校师生一致认为学校组织的校园文化活动和社会实践活动能

够让学生感受到学校的美育。校园文化活动以及社会实践活动是美育课程之外,也是提升大学生审美意识的重要载体。一些大学生在访谈中明确提道:"能切实感受到学校美育,从小学到高中学校没有明确提出对学生进行美育,但组织学生参加的活动,比如去敬老院和孤儿院照顾老人和孩子;在大学期间,大学生都参加很多社团组织和公益活动,这些无一不让我体会到学校的美育。""学校在美育方面做出了一定努力,比如开设了相关课程,组织相关活动。""学校开设了美学公选课,同时学校和学院开展了丰富多彩的校园活动,例如服饰展览、短剧比赛、合唱比赛、征文比赛、文艺晚会、举办画展、音乐会、美学讲座、自律大会、诚信教育、志愿者服务、支教等社会公益活动。学生可以参与其中,亲身体会到审美教育的益处。""能感受到学校美育。学校开展很多形式多样的活动,通过这些活动来向大家传递正能量。"大学生将校园活动和社会实践活动这些能够表达"真、善、美",能够传递正能量的活动形式都统一视为学校美育,在这些"实践活动"中,大学生主要提出了希望在校园中举办丰富多样的社团活动、文艺晚会、美术展览、音乐欣赏、校园广播、读书角、电影公放、支教、义卖、组织捐助活动等多种形式文娱和公益活动。学生们普遍反映,这些积极的"实践活动"能够在潜移默化之中将高校美育广泛开展起来,从而使大学生陶冶了情操、丰富了知识、开阔了视野、提升了审美修养、提高了综合素养。因此,高校师生一致认为校园文化活动和社会实践活动是高校美育的重要载体和关键途径。

第二节 高校美育的现存问题分析

"教育是民族振兴的基石,教育公平是社会公平的重要基础。要全面贯彻党的教育方针,坚持育人为本,德育为先,实施全面素质教育,提高现代化水平,培养德智体美劳全面发展的社会主义建设者和接班人,办好人民满意的教育。"《国家中长期教育改革和发展规划纲要(2010—2020年)》中也明确提出:"更新人才培养观念。深化教育体制改革,关键是更新教育观念,核心是改革人才培养体制,目的是提高人才培养水平。树立全面发展观念,努力造就德智体美全面发展的高素质人才。"党和国家注重高素质人才培养,把德智体美劳作为衡量和培养全面发展的人才的重要维度。德智体一直以来在我国的教育体系中作为主流教育被倡导,并在多年的努力中取得了较好的成效。然而美育,尤其是高校美育却在逐渐地被忽视,被边缘化。通过访谈,我们了解到目前高校的美育现状,并立足现状中对存在的问题进行了深入的研究和剖析,最终,我们从当前高校美育的认识误区和观念缺失、教师队伍建设、高校美育课程和高校人才培养目标三个角度对高校美育的现存问题进行了研究和原因分析,探寻造成高校美育现存问题的根本原因,以期待能够在之后的研究中为我国高校美育的发展、建设和完善提供参考意见。

一、高校培养目标的"功利化"趋向

受社会诸多因素的影响,目前,我国高校人才培养目标出现趋于功利化的现象;同时,学生在社会、学校和家庭等环境的影响下,在高校期间对个人的培养目标也出现越来越功利化的趋势。

(一)高校人才培养目标趋于"功利化"

美育在素质教育中具有不可替代的重要作用,它把人的全面发展作为培养目标。美育目标与教育目标一样,是一个连续的整体,教育目标当中的教学目标、教育目标和远景目标三个层次在美育目标中也有着具体的体现,只不过美育目标有其自身的独特性。美育目标实质上是根据社会对教育的根本需要,对受教育者个体在审美教育领域进行教育的预期效果和整体设想。而高校人才培养目标是对受教育者个体在德智体美劳方面进行教育的预期效果和整体设想。因而,美育的目标是高校人才培养目标中的重要内容。目前,受社会环境等因素的影响,高校人才培养目标更多体现为现实性的功利化目标,是基于学生的基本生活生存需求而进行的对学生个人素质、技能提高方面的培养,使学生在激烈的就业竞争中占有更大的优势,因而,高校在人才培养目标上趋于"功利化",以具体的就业率等数字来作为衡量人才培养目标的成效。

1. 社会竞争激烈,就业压力大,高校人才培养被迫趋于"功利化"

我国于1999年正式实施高校扩招,大量青年学生进入高校接受高等教育,这造成了高校在校生人数激增,虽然我国有更多的青年学生在接受高等教育方面有了更多的机会,但是随之出现的一个严峻的社会问题就是大学生就业难,而且就业难问题随着毕业生人数的逐年增多表现得越发明显。大学生就业难问题凸显,并呈现逐年严峻的态势。在这样的情况下,高校面临着毕业生就业率问题压力巨大,在很大程度上造成了高校领导层不得不在进行人才培养的过程中，会更加侧重对于大学生专业知识技能和对促进就业具有更加直接影响的教育方面。社会竞争激烈，就业压力大，使高校人才培养被迫趋于"功利化"。高校人才培养的这种"功利化"表现进一步促使高校美育的日渐被边缘化。

2.高校人才培养目标趋于"功利化"造成人才培育机制更加侧重专业课教育

高校人才培养目标趋于"功利化"的现象必然导致高校人才培养机制变更，同时在课程设置和教育氛围等方面产生一定的影响。一方面，专业课程教育格外受重视，使美育课程为其"让路"。近代以来，随着研究的日趋深入和专门化，普通教育逐渐向专门教育转化，学科的细分越来越明显。学科细分是在某一基础学科之上，不断出现新的分支学科与理论的过程。这种学科的细分促使学科不断丰富和扩展，同时使学科涉及的内容更加具有专门性和局域性。高校在进行人才培养的过程中，更加注重学科建设，注重专业、专门人才的培养，因而在人才培养导向机制层则更加注重专业知识的教授和专业能力的提升，因而专业课程的设置和专业课程的教育在整个人才培养机制中处于绝对的优势。其他课程皆为专业课程"让路"，造成了诸如美育这类具有广泛的通识教育的课程不受重视，使课程设置不足，进一步造成了高校美育的缺失。另一方面，学校专业技能教育氛围浓厚，而学校美育氛围欠缺。著名教育家蔡元培先生曾说："既有普遍性以打破人我的成见，又有超脱性以透出利害的关系；所以当着重要关头，有'富贵不能淫，贫贱不能移，威武不能屈'的气概，甚至有'杀身以成仁'而不'求生以害仁'的勇敢。这种是完全不由于知识的计较，而是由于感情的陶冶，就是不源于智育，而源于美育"。然而，受传统"主科""副科"意识的影响，迫于就业而对于专业技能和知识要求的压力，无论高校人才培养导向机制还是校园整体氛围，都充满着专业技能教育的浓厚"味道"，高校注重专业技能的培养固然重要，这也是学生学业学习的根本。然而，要培养全面发展的高素质人才，单单在专业技能等智育方面做得全面是不够的，这是一种"畸形"的教育，我国人才培养的新要求是要培养德智体美劳全面发展的高素质人才，因而，不能专业技能教育"一家独大"，进而产生学校专业技能教育氛围过于浓厚，而忽略高校美育教育，进而使校园美育教育氛围欠缺，美育功能缺失。

（二）大学生自身培养目标的"功利化"趋向

随着世界的不断发展和进步，整个社会的经济、文化也随之发生了巨大的变化。经济迅猛发展,人们的生活水平明显提高,但社会压力明显增大,物质生活丰富,精神生活却趋于日渐贫乏的状态;世界交流日益密切,文化的多元化发展日趋明显,在这种复杂的社会环境下,传统的教育理念也受到一定程度的影响。蔡元培等一代教育家所倡导的以美育培养健全人格的教育宗旨也受到了冲击。主要表现为以下两个方面:

1. 社会环境等因素造成大学生趋于"功利化",造成"无暇"审美

不得不承认,随着社会环境的变化,当代青年大学生面临着来自各个方面的压力。高考前,面临升学的压力;上大学后,面临毕业就业的压力;毕业后,面临工作竞争激烈的压力等。在这样一种社会环境的影响下,大学生不得不将更多的精力放在更具有针对性的事情上,比如针对就业的压力,学生会更多地将精力放在专业技能和求职技能等方面的提升上;针对未来要面对的职场竞争的激烈,学生会有针对性地参加一些社团和组织,有目的性地参与一些活动,来增加自身与他人合作交流的机会,从而提升个人的人际交往能力;或是有规划性地去参与和组织一些活动的策划,从而创造机会,提升自身的组织能力和应变执行能力,以应对未来职场中可能遇到的困难和压力。这样一种具有极强目的性的"功利化"心态,一方面造成大学生客观上没有精力去主动参与一些审美活动;另一方面,造成大学生主观上认为自己不具备享受"审美"这样的"奢侈品"的条件,认为自己没有多余的时间用在审美素养提升的这种"休闲"活动中。因而,在多方面较大压力的环境因素影响下,使大学生"无暇"审美,进而造成大学生审美意识普遍缺失的现象。

2. 大学生自身培养目标过于"功利化"易造成"单面人"状况

瑞士美学家布洛认为在审美活动中人要超越日常看待事物的方式,摆脱现实中利益关系,与现实中的生活造成一种"距离",把物我关系由实用主义变为审美主义,达到"潇洒脱俗""超然物外"的超功利化审美境界。这种观念有利于打破肤浅的人生价值和幸福观念,避免由于"急功近利"而"目光短浅",把人生的目标仅锁定于对物质的极度追求而完全抛弃了精神家园。然而,目前高校大学生在自身培养目标方面表现为过于"功利化"的现象,这种现象极易造成席勒所指出的"单面人"的状况,即人的情感、感性能力等诸多方面都遭遇了限制甚至是退化。他们以虚无和悲观的态度来看待生活的意义,遇到一点儿挫折就轻易地放弃原则甚至生命。近年来,高校大学生,甚至是一些名牌高校的大学生

自杀率不断上升,更有甚者,还出现了类似云南大学马加爵锤杀4名同窗等恶性杀人事件;复旦大学研究生遭投毒事件等,这些事件值得教育者深思。当前在就业压力、竞争压力等困境的挤压下,高校教育和大学生自身更多的是注重知识和技能的掌握,将其视为自我培养的目标,把生存适应当成了人的本质。正如席勒所指出的,为了适应现代技术的发展,人被分成了碎片,享受与劳动,手段与目的,努力与报酬都分离了,人永远被束缚在整体中一个孤零零的小碎片上,人自己也就把自己培养成了碎片……他就永远不能发展他本质的和谐;他不是把人性印压在他的自然本性上,而是仅仅把人性变成了他的职业和他的知识的一种印迹。因此,需要从人才培养的目标出发来把握美育的发展,用审美和艺术的方式,把个体引入到和谐、从容,超越一切物质束缚的境界中,在感性与理性之中找到平衡,逐渐消除学生自身培养目标过于"功利化"的现象,使学生个体内心达到一种安详、融洽的状态,恢复我国高校人才培养目标的根本指向。

美育的终极目标就是要建构精神人格完整的人。正如马克思所说的:"创造者具有人的本质的这种全部丰富性的人,创造着具有丰富的、全面而深刻的感觉的人"。可以说,美育的终极目标始终是对人的生存意义的关注,是以人的自由和全面发展为终极目的。攻克现有问题,建设和发展高校美育,是顺应国家人才培养需要、促进大学生个人成长和成才的重要举措。

二、高校美育的观念误区

近年来,我国高校开展了多种多样的审美教育活动。从美育途径来看,有以下七种:一是在高校大学生思想工作中渗透审美教育。二是开设音乐、体育、美术等艺术类专业课程。三是开设人文素质类选修课。四是举办专家学者的学术演讲讲座。五是开展丰富多彩的校园文化活动。六是创建优美向上与和谐的校园环境。七是通过专业课的教学,渗透对大学生的审美教育,充分发挥各门课程、课堂教学在审美教育中的作用,鼓励教师积极挖掘蕴含在教材中的美的因素,使学生既掌握专业知识又受到美的教育。

这些美育措施,在一定程度上促进了大学生的全面发展。但在具体实施美育时,较少有自觉地、真正地以大学生人格养成为宗旨来开展美育。因此,从以美成人的角度来看,当前高校美育实践存在三个误区,使美育的人格养成功能不能充分发挥。

(一)把美育局限为艺术教育,使美育片面化

当前,在相当一部分高校中,还较为普遍地把美育仅仅当作是艺术教育。这一点从目前各高校开设的美育课程可见一斑。当前美育课程主要是电影艺术欣赏、文学欣赏、艺术鉴赏、美学入门、演讲与口才、表演艺术、公关礼仪、外国文学欣赏、美术欣赏、应用美学、摄影基础、建筑艺术欣赏、中国传统文化、名著欣赏等。主要还是侧重"术",即技术和技能的培养的艺术教育。事实上,美育的内涵要广泛得多,而艺术教育不过是美育的一个内容,是实施美育的重要手段。艺术教育向受教育者传授艺术技能,培养的是受教育者特定的艺术能力。应该说,艺术教育在技巧、技能传授、学习过程中,是可以让学生感知并获得某些审美体验和知识的。也就是说,艺术教育可以并且必然被包含于美育之中。但仅有艺术技巧、技能,并不等同于具有了崇高的审美意识,也并不意味着就能促进人的人格完善。因为,美育关注的是一种精神的熏陶和培育,旨在通过更加广泛的审美活动,以培养人们感受美、欣赏美的能力,养成人们良好的道德情操和美好的情感,进而在更深的心灵层面唤起人的创造天性和人格的和谐。因此,美育与艺术教育是有着明显不同的,二者是一种包容与被包容的关系,艺术教育只是美育的一个方面和手段,美育有着更广泛的内涵和外延。事实上,许多审美能力、审美境界很高的人并不一定会作画、谱曲、演奏,比如老子、庄子等,但这并不影响他们成为天地、人生大美的领悟者,也并不影响他们成为人格健全的审美者。而一些有着很高艺术水平的人也不乏内心丑恶,走向犯罪。

(二)把美育等同于美学知识教育,使美育表面化、肤浅化

从新中国成立以来的教育史来看,新中国成立初期,我国曾沿用蔡元培等人的教育主张,把美育列入教育方针,但随后在阶级斗争的冲击下,"革命"成了高高在上的政治任务,使高等教育被严重摧残,美育更是被无情地扫出了高校课堂。改革开放以后,经济的形式,使国家不得不把加快现代化建设作为国家的命脉。经济的发展要求高等教育培养出一大批具有较高科研能力的研究人员和具有专门技术的专业人才,这就要求高校教育把智育放在首位。但是,归根结底,这仅是一种权宜之计,因为知识的教育不能取代审美教育。审美教育是克服现代化进程中,人被异化、片面发展的教育,它以培养感情为主要特征,以养成理想人格为目的,以培养全面发展的人为旨归。可喜的是,高校普遍已经认识到美育的重要性,并逐步开始对大学生美育的尝试。但是,在高校美育的探索中,还有一定范围内存在着把美学知识的学习当作是大学生美育全部内容的错误认识。美育的特征表明,美育是比美学知识教育更为广泛的过程性教育,绝不能以美学知识的传授代替美育。美学知识教育在很大程度上是一种理论教育,是一种知识的传授,是一种智力的培养。它能使受教育者形成一定的美学理论素养,但不能形成学生的审美能力,也不能帮助学生形成正确的世界观、人生观和价值观,更不能把学生培养成全面发展的人,因此高校美育,要突破美育知识的讲授,而在更广泛的视野中开展审美教育。

(三)把美育从属于德育,使美育的独特功能被弱化

在我们传统教育观念中,德育在学校教育中具有优先地位。除智育、体育以外,几乎所有教育都可以被归属到德育。美育也常常被作为德育的一个手段来阐释和实施。直到现在,美育在我国高校教育体系中仍没有获得应有的位置。比如,1995年颁布的《中华人民共和国教育法》对我国教育方针的规定是:教育必须为社会主义现代化建设服务,必须与生产劳动相结合,培养德智体等方面全面发展的社会主义事业的建设者和接班人。这一方针把教育的目标规定为,主要培养学生在德、智、体三方面发展,美育没有被提及,更不用说取得相应的地位了。

事实上,随着高等教育的发展,不论是在教育主管部门、学界还是在高校,对美育重要性的认识,都已经取得共识,同时美育实践也在高校方兴未艾。仅仅把美育作为德育的手段的认识和做法受到广泛质疑。美育与德育虽然有共同性,如它们都有帮助人们养成良好品格,形成正确的人生态度和价值观念的一面,但他们之间还有着本质的区别。德育体现理性,而美育体现感性。首先,德育讲究的是"礼"的教育,它有整套的道德标准要求人们严格遵循,时刻铭记,在社会生活中,道德标准严格约束着人们的所思所为,帮助人们克己守礼,使自己成为一个具有良好道德操守的人。而美育却使人在一种轻松愉悦的状态中,并在没有外部压力的情况下,自觉地去追寻美好的事物和情感,进而达到情感的升华、人性的和谐。其次,德育的目标主要是维护社会的秩序,避免人与人的关系失序、失范、失礼,教育的方法主要是说服和劝诫,受教育者更多的是处于被动接受的地位。而美育的目的是唤起人们对美的向往与追求,使人养成自由而全面发展的人格,教育的方法是培养人的审美趣味和发现美、欣赏美、创造美的能力,使受教育者的主观能动性被充分调动,从而自觉进入美育的全过程中。

综合分析上述美育过程中产生的误区,其产生的根本原因在于在美育实践过程中偏离了大学生审美心理需求和理想人格养成的根本宗旨。具体来说,主要包括以下三个方面:

1. 唯理性的教育目标忽视大学生人格的全面发展

其目标主要指向于学生的理性发展,体现在过程中就是过分强调掌握艺术技能的数量和精确性,注重审美表层知识的记忆和反复。这种教育很容易"陷入过分注重知识的灌输和技能的训练,而忽视心灵的教化和人格的培养的误区"。正如英国教育哲学家约翰·怀特所指出的:"人们总是倾向于掌握更多的知识,掌握知识体系中分枝的分枝,直至无穷,这种'全面狂'是过度强调教育的一种价值——以知识为目的,而忽视其他价值的结果。"唯理性的教育目标,容易导致大学生感受力的衰退、精神生活的贫乏、情感冷漠等人格问题的出现,与以大学生人格养成为旨归的美育是背道而驰的。

2. 统一化的教育模式容易抹杀大学生个性发展

总是按照统一的标准教育大学生,始终采取相同的教育模式,而缺乏对不同教育对象的人格特质尊重,固有的教育惯性严重阻碍了大学生人格的健康发展。杜威曾指出,每个人的观点、喜欢学习的对象以及处理问题的方式,都存在个别差异。如果这些差异为了因为一致性的教育方式而受到压制,就不可避免地使学生造成心理上的混乱和故意矫揉造作。

3. 功利性的教育忽视了那些不能操作化、实用化的感受

不关心如何把学生的美育知识转化为审美能力,使大学生丧失了超越性品质。功利主义教育的根本弊端在于使学生丧失超越性,在精神层面没有得到提升。其结果是,教育最大限度地满足了个体和社会世俗性发展的要求,但是却导致了学生个体的人格危机、精神危机以及由此产生严重的片面发展和畸形发展,虽然培养的学生有知识、有能力,但在人格、精神上却有很大缺陷。

综上可见,学校教育本应以培养大学生健全人格为最终目的,而实际情况却仍不理想,需要进一步完善美育策略,准确把握以培养大学生健全人格为根本宗旨的美育特质,着眼大学生自身实现内心的平衡,促进大学生健康、和谐地全面发展。

三、高校美育教师专业化建设不足

教师是实施高等教育的核心,要想办好高校教育就要依靠广大教师的共同

努力。要建设好高校美育,则建立一支专业化的美育教师队伍是必要前提。目前,我国高校美育课程普遍以公共选修课的形式开设,且开设的课程数量较少,所覆盖的学生范围有限。伴随这样一种情况同时存在的就是高校缺乏一支专业化的美育教师队伍。专业化美育教师队伍的建设,是确保高校美育健康持续发展的重要保障和关键举措。建设一支专业化的美育教师队伍,一方面,使美育课程的质量能够得到保证,这样一来美育课程才能够发挥积极的育人效果,才能真正使大学生通过美育课程提升自身的审美意识,掌握美学知识,提升审美感受力。另一方面,高校美育的开展有了师资和人员的保障,才能够持续进行、长效发展。此外,对于美育教师的队伍建设,能够从教师的意识层面,增强整个教职工队伍对于高校美育的关注,加强对学校美育的重视程度,间接提升了全体教职工的美育意识。同时,还有利于在整个校园范围内营造美育氛围。然而,当前我国高校缺乏专业化美育教师队伍的建设,导致在美育课程方面的教学质量无法得到真正的保障;在高校美育的持续发展方面缺乏持续的动力;在整个校园环境下,缺乏审美教育的氛围。从而使高校美育开展存在现实的困难。

(一)缺乏建立高校美育专业化教师队伍的保障机制

教师是高校美育教学改革和发展的主体,在高校进行科学研究、学科建设、人才培养的过程中起着至关重要的作用。要建立一支专业化的高校美育教师队伍,保障机制是必要前提。那么,高校在对教师进行管理的过程中,激励机制是一项核心内容和重要的保障机制。从管理学的角度来讲,激励是通过物质上或精神上的给予,以激发人的内在动机,在这种内驱力的作用下,鼓励人朝着期望的目标而努力。1964年,美国著名心理学家弗鲁姆提出了期望理论。该理论认为,激发的力量来自效价与期望值的乘积,即激励的效用=期望值×效价。期望值是达到目标可能性大小的主观估计;效价是目标实现后,个人所获得的收益或价值,以及价值大小的主观估计。高校的教学评价体系是高校教师的行为导向。在教学评价体系中,需要向教师明确提出开展美育教育的重要性,从效价的角度,使教师了解美育在其教学评价过程中的重要地位;同时,从期望值的角度,让教师了解开展美育的重要价值以及开展美育具有切实的可行性。因而,从制度上实现对教师开展美育的激励作用。但是,目前高校缺乏对美育的重视,并没有将美育纳入教师的教育教学评价体系之中,因此,从制度层面缺乏对教师开展美育的激励,教师对于开展美育既不存在期望,同时对于开展美育的价值估计极低,从而造成了高校教师开展美育的动力不足,这是造成高校美育缺失、高校美育效果不佳的重要因素之一。教学评价体系中美育激励机制的缺乏,既是造成教师个人对美育开展动力不足直接影响整个美育教师队伍建设进程的重要因素,同时表现出高校对于美育建设的忽视,从而对美育教师队伍建设更是缺乏推进的举措和决心。

归纳起来,教师队伍建设过程中所存在的问题,最关键的原因是缺乏领导牵头。高校管理层缺乏美育意识,同时在教师队伍建设方面缺乏重视,从而导致了美育教师队伍建设的机制不健全、举措不到位的情况。所以,要把美育教师队伍建设好,首先高校领导要足够重视,建立并运转高校美育教师队伍建设机制,整合全校资源,集教育教学的全部力量和教师的倾心投入,来建设校院两级"齐抓共管"的美育教师队伍建设的领导机制,建设以"激励评价体系"为依托的高校美育教师队伍建设的评估机制,以"教师美学修养提升"为前提的队伍建设机制。只有在各项美育机制的协调运转下,才能建设好高校美育教师队伍,并为高校美育建设提供重要的人员保障。

(二)缺乏对教师进行系统的美育培训

"教育大计,教师为本。有好的教师,才有好的教育。"好的教师首先要具备足够的专业知识积累,能够在教育学生的过程中"授之有物",这是基础;其次,教师要具备高尚的道德品质和积极正确的世界观、人生观和价值观,能够在教育学生的过程中"授之有方",这是保障;最后,教师要具备正确、有效的教育方法,能够在教育学生的过程中"授之有道",这是枢纽。一种知识的讲授可以有几种讲授方法,也可以采取多种教学模式,教师需要根据实际情况,选择最有吸引力、最简洁、最有效的方法。高校开展美育课程,在教育教学的过程中实现教育思想的全程融入、教学内容的完整呈现,就必须结合教师的美育设计思想,并且能够及时改造美育的内容、丰富创新美育的形式,将审美内容和审美形式相统一。这也是教师基于教学过程的一种审美创造。"在审美创造中,主体意识在审美对象中实现对象化之后,审美对象的物质性只是其形式,而主体意识乃是其内容,审美主体在对其进行审美对照时,从其物质形式内可获得意识性的自由展现"。然而,目前高校缺乏美育意识,教师在这样的背景之下,一方面,自身缺乏美育意识,就不能及时将这种美育思想融入自己的教学设计之中;另一方面,缺乏专职的美育教师,专业课教师没有美育方面的训练,学校也没有对专业课教师进行专门系统的培训,缺乏对整个教师队伍关于美育开展的建设,更没有进行专职美育教师队伍的建设,导致绝大多数教师缺乏美育方法。美育方法的欠缺直接造成美育教学过程开展受阻,导致审美内容与审美形式的统一存在困难,从而影响整个美育的过程和效果。这是缺乏美育教师队伍建设、缺乏对教师进行系统的美育培训所带来的又一弊端。

四、高校美育课程体系尚未完善

高校美育课程体系尚未完善,主要存在以下四个方面的普遍问题:

(一)课程数量开设不足,美育公选课发挥的作用欠佳

我国高校美育课程数量开设得极为有限,除艺术院校和其他院校的艺术类专业之外,很多高校几乎没有美育课程。虽然高校也面向学生开设了公共选修的美育课程,但是,由于课程的数量较少,而且每门课程的选课人数又有限制,因而能够真正从课程方面接受到美育教育的学生数量极为有限。在访谈中,很多学生反映,开设的美育课程本来就少,而且上课的人员数量有限制,自己根本无法选修到美育类课程,因而接受不到学校的审美教育。美育课程数最少,覆盖面不足,造成美育公选课发挥的作用欠佳。高校美育几乎成为一个意识层面的认识,仅有艺术类专业学生才有接触到选修美育课程的机会。其他专业学生,虽然具有选修美育课程的意愿,但受现实的选课制度、课程数量等的限制,也只能望洋兴叹。

(二)课程形式较为传统,缺乏直观性、体验性的课程

高校组织管理层面缺乏美育意识,因而对高校美育的不够重视,造成了高校美育课程设置方面存在不足;而整个高校对美育课程的不重视,造成了高校教师美育意识的进一步缺乏,进而造成了高校教师对美育课程重视的积极程度不高,因而美育课程的质量不高,沿承传统的课程模式,在课程形式上较为单调,且教学方法上缺乏创新。课程内容方面,表现为内容陈旧,不能够与时俱进地更新内容,从而无法满足当代大学生对于审美的需求,使课程缺乏实用性,缺乏吸引力。此外,美育课程没有与之相适应的高质量的教材,或是根本没有教材,从而不能够满足学生对于美育的时代需求。访谈中,学生对高校的美育课堂充满期待,并对美育课程建设提出了很多建议。在课堂的形式和内容上,希望多开展电影赏析、文学欣赏、纪录片播放等形式多样的课堂教学,通过增加直观性的教学形式来提升课堂内容的趣味性和形式的新颖性,提高美育课堂的教学质量;在教学方法的运用方面,希望教师能够积极丰富教育教学方法,如积极综合运用知识传授法、实践体验法、环境熏陶法、自我教育法、情感共鸣法、朋辈交流法等方法,并通过在课程中增加校外参观等体验性课程来促进美育课程的创新和发展。此外,美育课堂还应该多围绕社会上热点的审美事件进行讨论交流式学习。如针对社会上出现的芙蓉姐姐、凤姐等现象进行分组讨论学习,表达观点,交流意见,进一步加深对美的理解,提高审美意识,提升审美能力,促进学生健全人格的养成。

(三)美育课程开设形式化,学生选修美育课程功利化

目前,高校美育课程体系的不完善还表现在高校美育课程开设存在形式化、学生选修美育课程功利化的现象,详细分析主要存在以下两种具体情况:

1. 美育课程设置少,无法满足学生选修美育课程的需求,美育课程呈"形式化"

由于高校美育课程设置较少,很多学生往往对于喜欢的美育课程出现了"想选选不上,想学学不着"的情况,美育课程所能够覆盖到的学生极为有限,有一些高校的学生甚至不知道自己所在的高校已经开设了美育公共选修课,美育公共选修课在大多数学生眼中"形同虚设",美育课程仅仅成为一种形式化的美育象征,而没有根本的实质内容。高校的美育课程的开设呈"形式化"。

2. 以选修学分为目的,选修美育课程呈"功利化"

当前,由于我国高校的选课体系普遍存在问题,使很多学生不能够选到自己喜欢的课程,但是,又受制于必须补满一定数额的公选课学分,于是,大多数公选课都成了大学生迫于修满学分的压力,而不得不去选修能够选上的课程。高校公选课长期处于这样的状态,造成大学生惯性地对公选课的不重视,甚至是反感。高校美育课程多以公选课的形式出现,也受其他公选课的影响,自然也得不到学生的足够重视,即便"有幸选上"美育课程的学生,也由于惯性地对于公选课的心理抵触与排斥,也不能够珍惜上课机会,不能够积极投入课程中去,促使美育课程的作用没有发挥出来。学生迫于获得选修课学分,使选修美育课程趋于"功利化"。

综合分析上述美育过程中存在的不佳状况,其产生的根本原因在于在美育实践过程中受社会、学校、学生自身三方面因素的影响,从而使高校美育偏离了

对大学生进行理想人格养成的根本宗旨。以下为三方面因素带来的影响分析。

(1) 社会因素造成的高校美育的形式化和功利化

社会发展节奏快，给人们带来的生活压力和工作压力也与日俱增，人们开始变得越发的浮躁，快餐、快递、速成班等"快文化"的产生越来越展现出人们对于结果的追求，这种趋于功利化的生存状态使人们忽视了对过程的感受和享受。这种结果导向使社会环境也造成了人们意识层面的评价体系的改变。对于人的成功成才更多的是以从事什么样的工作、具有多高的社会地位、占有多少物质财富，这种十分量化、单一的物质层面的指标作为衡量标准，而忽视了人精神层面的道德修养、文化内涵等。这种社会现象和社会评价体系造成了高校人才培养导向和大学生自身成长成才目标的功利化现象。

(2) 学校因素造成的高校美育的形式化

除社会因素之外，学校自身对于美育的固有忽视也是造成当前高校美育形式化的主要原因。学校重教育、轻美育，在美育的发展建设方面缺乏相关举措。在课程方面，多为选修课，而且课程数量设置较少，课堂的规模较小，覆盖面小，造成了学校客观层面和学生主观认识层面的高校美育课程的形式化现象。

(3) 个人因素造成的高校美育的功利化

除社会和学校因素外，个人因素也是造成高校美育课程功利化的重要因素。美育不能"一味"地机械灌输，因为美育不是单纯的知识教育，而应该通过寓教于乐的形式充分调动起学生的兴趣，引发学生对美的追求，从而塑造健康人格。而目前高校美育课程的现状很难引起学生对美育的兴趣，因而，从大学生自身而言，对美育课程没有兴趣。同时，审美水平又不会作为升学毕业、评奖评优和就业工作的考核内容，因而，大学生轻视美育，忽视对于自身审美素质的养成，表现出明显的功利性。

(四) 缺乏向专业课程的融入与渗透

美育不是单纯的知识性课程，因而可以采取多种方式开展美育。单从课程角度来看，目前高校美育课程所采取的传统"灌输式"的教育教学模式不符合美育规律和美育方法，缺乏向专业课程的融入和渗透。所以要想加强高校美育课程建设，就需要将美育课程与学生的情感体验相联系，既要与学生现实的学习生活相联系，融入专业课程，并在课程内容方面增加更多社会时事因素，提升学生的兴趣和引起学生的关注，同时，课程内容的融入方式和融入的内容又要满足学生的心理需要,使课程内容与学生达成契合的心理共鸣,才能够从根本上引发学生对于美育的关注度和兴趣点。所以,为进一步完善美育课程体系,应该将美育融入专业课程,与学生日常生活密切相连,充分发挥美育功能,促进大学生健康人格的养成。

五、校园文化活动美育功能难以发挥

校园文化活动是高校美育的重要载体和途径之一。目前,高校的校园文化活动方面存在的问题直接影响了高校美育的开展,主要表现为高校管理层引导的缺失造成校园文化活动美育功能的缺位;美育与校园文化活动脱节,大学生审美意识和审美素养提升存在"瓶颈";校园文化活动等没有及时弥补美育由普通教育向专门教育转化造成的美育缺失的现象。

(一)高校管理层引导的缺失造成现有的校园文化活动美育功能的缺位

校园文化是一种宝贵的教育资源的客观存在,在高校教育中起着重要作用,校园文化作为一种精神文化在很大程度上影响着学校师生的价值观念、情感体验、人生信仰以及完整人格的形成与发展。因此,高校的校园文化在提高学生全面的综合素质、审美人格的形成、文化气质的培养、审美实践的实施等方面具有重要的促进功能,校园文化的这种促进功能决定了校园文化"与生俱来"的具有美育功能。然而,目前高校管理层对于校园文化活动引导缺失,造成了整个校园文化氛围缺位。校园文化活动是校园文化的体现,同时具有较强的美育功能。目前,学校现有的校园文化活动,如开展的足球赛、篮球赛、辩论赛等,其开展的初衷是提倡"友谊第一,比赛第二";是培养学生刻苦拼搏的精神;是培养学生坚强的意志品质和团结协作的团队合作意识。然而,近些年高校的这些对抗性的比赛频频出现因比赛结果而打架斗殴,产生恶性伤害事件的情况;此外,在学校的运动会上,个别的院系为取得好的名次,而采取"请外援"的形式,来获得比赛的胜利。这使校园文化活动的"口号"完全变成了"为荣誉而战!"可以十分客观地讲,这些校园文化活动所具有的美育功能由于学校管理层在引导方面的缺失而日渐消亡,最终真正缺位。相反,一些有益于美育功能直接发挥的校园文化活动的举办却被这些过多的"变质"的常规化活动所限制,活动形式创新较为困难。其实,高校完全可以开拓更多的校园文化活动,如评选最美教师、校园选美大赛、雕刻比赛、手工制作比赛等,这些活动既可以充分发挥学生的审美想象力,也能够提升学生对于美的关注,提升审美意识。

因此，学校管理层应加强对高校校园文化活动的引导，将存在"偏轨"的现有校园文化活动扶上"正轨"，并积极鼓励有利于美育建设的活动全面开展起来，真正利用好校园文化活动这一有效的美育载体，充分发挥校园美育功能，促进学生的人格塑造和人性的自由发展。

（二）美育与校园文化活动脱节，大学生审美意识和审美素养提升存在"瓶颈"

校园文化活动是高校美育的一项重要载体和途径。校园文化活动是高校的第二课堂，具备重要的育人功能。目前，高校人才培养目标的趋于"功利化"，进一步加剧了高校美育的缺失，这不仅反映在第一课堂方面，表现为美育的课程数量开设少、覆盖面小，同时，在校园文化活动的第二课堂上，也存在美育思想没有融入校园文化活动之中，美育与校园文化活动脱节的问题。这直接造成高校美育一条重要的提升大学生审美意识的途径的缺失。在调查中，大学生普遍反映，希望通过加强各种校园文化活动和社会实践来加强高校美育。其实，对大学生开展美育，就是要把情感教育、美感教育、美学知识教育、审美观教育、审美能力教育等这些美育因素与审美主体（这里指学生）相结合，从而实现培育审美主体的目标。高校美育的缺失，造成学校本身缺乏培育学生审美意识与审美素养的目标，因而造成校园文化活动，这种反映高校人才培养导向的教育载体和教育途径也同样没有将美育的思想贯穿于整个校园文化活动的整体开展的思路之中，这是高校美育意识缺失背景下造成的不可避免的现象。因而，高校的人才培养目标导向不变，高校的美育观不变，校园文化活动开展的目的就不会变，就很难向着培养学生审美意识、提高学生审美素养的方向倾斜，这也是目前大学生审美意识提升和审美素养培养所存在的现实困境和发展"瓶颈"。

（三）校园文化活动等没有及时弥补美育由普通教育向专门教育转化造成的美育缺失的现象

蔡元培先生曾指出："由普通教育转到专门教育，从此关乎美育的学科，都成为单纯的进行了。爱音乐的进音乐学校；爱建筑、雕刻、图面的进美术学校；爱演剧的进戏剧学校；爱文学的进大学文科；爱别种科学的进了别的专科了。但是，每个学校的建筑式样、陈列品，都要合乎美育的条件；可以时时举行辩论会、音乐会、成绩展览会、各种纪念会等，都可以利用他来行普及的美育。"蔡元培先生已经意识到艺术由普通教育向专门教育转化，进而所带来的美育专业化,美育普遍性将逐渐丧失的弊端。因而,他明确强调虽然学科方面可以进行划分,但是美育要融入校园文化,从校园的建筑、装饰等人文环境方面着手渗透学校美育,发挥美育功能,同时通过积极开展各种有意义的校园文化活动,来进一步普及学校美育,而不是因为艺术的分科,而全然忽视校园文化及校园文化活动所具有的重要的美育功能。

第三章

高校美育在素质教育中的创新体现

第一节　高校美育在素质教育中的作用

美育的目的是通过培养具有较高审美素质的审美主体，拥有热爱生活的积极态度，个性得到自由、人格得到提升、心灵得到净化，使自身得到全面发展。素质教育是全面培育和发挥人的潜能的综合能力，是提升人的精神境界和文化品位的教育。对美育的重视和开展，通过艺术美、自然美和社会美对学生进行审美观点、审美情趣和审美理想的正确引导，培养学生感受美、鉴赏美和创造美的能力，对于素质教育的全面实施同样具有积极的促进作用。

在我国古代就已经有了美育的萌芽，并且成为多样性的综合教育中的一部分。《尚书·舜典》中记载"敬敷五教"和"典乐"，意思是要开展父严、母慈、兄友、弟恭和子孝五种伦理道德的教育和音乐、舞蹈、诗歌等方面的艺术审美教育，为我国德、智、体、美并行的综合素质教育开创了历史的先河。孔子将具有审美性质的艺术教育活动"诗""乐"置于学校教育科目"六艺"中，形成了德、智、体、美、劳全面发展的素质教育雏形。当时的美育还并没有作为一种教育体系被提出，在学校教育中也并没有作为重要部分给予足够的重视。随着时代的发展，美育的观念正式被纳入学校的教育体系之中，随着素质教育的提倡，美育也越来越被重视。

现今而言，审美教育已经是素质教育的重要部分了。实施素质教育，必须把德育、智育、体育、美育等有机地统一在教育活动的各个环节中。学校教育不仅要抓好智育，更要重视德育，还要加强体育、美育、劳动技术教育和社会实践，使诸方面教育相互渗透，协调发展，促进学生的全面发展和健康成长。美育与素质教育的关系主要体现在美育从属于素质教育,它不仅与素质教育的其他组成部分之间协调发展,相互作用,而且是素质教育中不可或缺的重要组成部分,没有美育,素质教育也就不再成其为全面的、综合的教育。由此而言,美育的开展对学生综合素质的提高具有积极的促进作用。

一、青年美育对素质教育的促进作用

(一)青年美育是素质教育的旗帜

审美理想不是一般的艺术理想,审美可以被看成是人类历史的产物,审美活动是整个人类活动的一个组成部分。审美理想产生于人们的社会实践活动中,随着人们的生活氛围、审美水平等原因而具有不同的现实结果。审美理想不同于人们普通的理想,它是要通过艺术的形式表现出来,换言之,艺术是审美理想由想象到现实的媒介,因此这样的理想要高于现实美。审美理想随着时代的不同、阶级的不同,又呈现出不断变化发展的趋势。当今时代,是一个飞速发展的时代,人们的思想、理想、流行元素都不断翻开新的篇章,因此,当代青年更应该在自我学习生活中注重哲学、艺术修养和综合素质的提高。在社会实践中,审美理想具有社会意义,社会理想具有审美意义,社会意义与审美意义辩证统一。当代青年要将人生目标由个人的生存价值提升到以国家理想为己任的大理想境界,从社会的发展角度审视美的趋向,从美的趋向看到社会的前进步伐。

(二)青年美育是素质教育的根本

世界是人类通过自己的智慧、才能、理想,通过物质实践活动所取得的成效。因此,在现实生活中,人们的一切行为都关系着社会的进步。世界发展的核心,是人的发展;人发展的核心,是源于人类传统文化的积累与支持。美育教育青年追求高尚情操、美好心灵与完美人格,就是要使他们在今后的社会中,始终保持一颗美丽的心,然后用这颗心去指导自己的行为。如果每个人都秉承这样的美育思想,那我们的世界就会变得更加美好。

(三)青年美育是素质教育的重心

对青年而言,美育不仅要力图关注青年的个人兴趣,传授给青年多种知识和教会青年认识社会的能力,还要让青年体验并懂得人类非功利活动的乐趣,懂得从工作和学习中去寻找自己的人生价值。任何事物都是一分为二的,人生就是戏剧的扩写,将其中的酸、甜、苦等用一生来诠释。既然人们经常以欣赏的眼光、艺术的品位、高雅的语言去评述戏剧的美好,那么美育培养青年用另一种眼光看待问题的人生态度,注重青年用艺术的眼光品味人生的视角,这些都是素质教育中必不可少的部分。

(四)青年美育是素质教育的要求

美育使青年具有崇高理想,引导青年树立正确的世界观、人生观和价值观,目的就是让青年得到更好的发展,实现自我生存的价值。美育对于青年自我价值的体现主要集中在青年的创造力上,这也是素质教育的基本要求。德、智、体、美、劳是全面发展的基本因素,因此实施素质教育过程中的全面发展应该是以德、智、体、美、劳为基础教育的个性发展。所以,全面发展并不是指人的平均发展和各个方面齐头并进的发展,这违背了创造性人才培养的教育理念。我们之所以将创造性与独特性放在一起探讨,就是在说明创造的与众不同,而个性的发展才是独特性的根源,才更接近创造性。要培养青年的全面发展,美育是第一位的,因为美育在素质教育中不但具有独立性地位而且可以辅助其他基础教育。美育培养学生的审美理念、审美实践和审美体验,最终达到审美创造,就是一个"普遍—个别"的发展过程,这个过程包含了从基础到创新,从一般到个别的哲学道理。

二、青年美育在素质教育结构体系中的作用

素质教育是一种全面的教育,其整个结构体系的设计旨在使学生得到全方位的发展。更加深入地分析美育在素质教育结构体系中的地位,可以更清晰地看到美育在素质教育中所具有的重要作用。美育同德育、智育、体育、劳育有着密切的关系,缺一不可。一个人要想全面发展,就不能缺少技术教育,也不能缺少美育。在现代教育中,没有美育是不成的。美育不仅是素质教育中的重要组成部分,还处于不容忽视的地位,它不仅渗透到素质教育中的德育、智育、体育、劳育中,也能有效地促进德育、智育、体育的开展,从而推进素质教育的全面实施。

(一)青年美育促进德育的有效开展

青年德育是将社会和学校的政治思想、道德规范和行为准则转化为学生自身的思想行为意识,它着重发展学生的意志约束力。德育培养学生树立正确的世界观、人生观和价值观,崇尚真、善、美,摒弃假、恶、丑,积极地正确处理个人之间,个人与集体和社会整体之间的关系。德育能否收到成效,一方面有赖于

高校对学生进行持续的道德教育;另一方面还取决于学生能否将德育教育内化为道德自觉。德育和美育都影响学生的心理结构,促使学生在情感激发下用心感受知识的存在,使学生能够主动参与到教学过程当中,实现培养学生身心健康的教育目的。道德心理结构是由道德认知、道德情感、道德意志和道德行为四个因素构成的。审美心理结构是由审美意识、审美情趣、审美体会以及审美评价等要素构成的。如果将它们重合在一起,二者的心理结构在感受认知、情感体验、理解领悟三个方面具有明显的交叉点,这说明情感潜移默化为道德自觉的内化提供了感性基础。美育能够塑造健全的人格和健康的个性,提高学生思想品德,以达到促进德育目的,具体表现在以下两个方面。

1. 美育可以使青年更易接受德育

在所有的教育形态中,德育最注重理性的教育,其具有浓厚的思想倾向性,所教授学生的主要方式就是理论的灌输和强制性的记忆。而美育则是用形象生动的情感渗透学生的心灵,把理性的说教,融入具有审美意义的艺术形式和令人兴趣盎然的活动中,就会产生"寓教于乐""寓育于美"的效果,使学生更乐于接受教育和参加教育。美育是利用美的形象来打动人,利用感性形象传输道德内容,使学生在潜移默化、不知不觉中引起心灵上的共鸣,实现道德上的教化作用。同时,德育是以社会基本道德规范为准则的,如果遵循这个准则,受教育者必然可以朝着正确的方向发展下去。然而,美育是以审美的方式将个体的感性生命加以表现、升华,使他们的个性找到属于自己的发展空间,这是不同于社会基本道德准则的。

高度的思想觉悟、优秀的道德品格和高尚的道德情操,是一名合格的学生首先应该具备的。在美育中,应该使学生建立在获得审美体验的基础上走向道德结论,最终达到审美情感与道德情感的共鸣。美育可以使学生在内心情感上心甘情愿这么做,所以美育是道德教育的情感基础。美育对学生思想、政治立场和道德情操的影响可谓是春风化雨、润物无声,使大学生在愉悦的心情下完成了心灵的净化和道德品质的提升,使道德最大限度地深入到大学生的内心世界中。

因此,在拥有高尚的道德素质的前提下,学生们要树立远大的、崇高的目标,使其作为自己为之奋斗的理想。在高尚的道德心的牵引下,学生会选择自己热爱的和有意义的事业作为自己的奋斗目标。伟大的篇章传承着英雄的豪迈气概,体现了崇高美的光辉。体会英雄们浩然正气和为国家献身的精神,并作为激励学生奋斗的动力。由此引导学生们在内心追求崇高理想、追求美的激情,当学生们把自己的思想、信念和道德信仰作为一种美来追求并赋予深厚的情感时,他们的道德信念才是坚定的、稳固的和不可动摇的。所以,审美教育有利于思想道德素质的提高,进而为德育开展起到积极的促进作用。

2. 美育有助于培养青年完善人格

人格是人的性格、气质、能力的总和,塑造青年完善的人格是青年德育的首要任务,而美育是不可或缺的精神支柱。青年的人格修养是很重要的,如何引导他们追求健康的精神生活和审美情趣,这是高校实际教育中应该关注的重点。美育作为学生的精神动力,能够促进他们追求现实的超越、实现自觉的存在。通过建立良好的性格特点、培养高雅的气质、提升个人综合实力,使人格向着完善美好的方向发展。通过审美教育使学生产生的审美情感,是一种精神上的满足与超越,是学生出于自愿的,因此,这时受教育者的精神总是处于一种自由自觉的状态。美育为学生提供了一种精神陶冶和满足的想象空间。

尼·奥斯特洛夫斯基的《钢铁是怎样炼成的》提到"人最宝贵的是生命,生命每个人只有一次。因此,人的一生应当这样度过:当他回首往事的时候不因虚度年华而悔恨,也不因碌碌无为而羞愧。这样,在他临死的时候,才能够说:我把整个生命和全部精力,都献给了世界上最宝贵的事业——为人类的解放而斗争。"这些话激励着很多人珍视生命,将有限的有生之年投入有意义的事业当中。美育就是利用这样生动的艺术形象,传递出深刻的人生思考,站在人生的高度,使学生深刻地认识到生命的价值,以及主动追求人格的最高境界。

综上所述,美育对德育的实施起着积极的促进作用。美育借助审美情感体验的机制,可以克服道德的说教。只有在审美的基础上对学生进行道德教化,才能在学生的心灵中产生清晰的道德意识并产生日积月累的效果,促使其在行动中遵循道德规范,在实际生活中加强道德修养。总而言之,美育为德育的开展奠定了必要的基础。

(二)青年美育促使智育向素质教育转化

1. 美育有助于增强青年学习兴趣,开阔眼界

对青年学习和接受知识而言,"兴趣"才是最好的老师。环境心理学认为,明快、向上的良好氛围有利于智力的活动,而杂乱、松散的不良氛围不利于智力

的活动。良好的氛围可以感染所有在场人的情绪并使其与该活动的兴趣相互作用，就为智力活动提供了最佳的环境心理因素。例如，在自习室里，每位同学都在认真学习，达到了一种既安静又迫切获取知识的氛围，在场的每位学生从中感受到积极进取的奋斗美。而有的学生喜欢独自学习，失去了集体奋斗的氛围，而独自一个人仍可以坚持到底的学生只是少数。在相同水平的学校中，寄宿学校学生的成绩通常要好于非寄宿学校学生的成绩。因此这种奋斗的美感对于学生的感知能力和认识能力的增长，思维的活跃以及情绪的调动都有着积极意义，它从学生内心感染并诱发了学习的兴趣，使学生在轻松愉快的情绪中强化了各种心理适应能力和智力水平。

美育激发学生对自然、社会和科学的广泛兴趣，引导他们热爱科学、热爱学习，以积极主动的精神去探求知识的奥妙。例如，电影鉴赏方面，在观看一些经典的动作电影时，多数人都会被里面精湛的武打动作、宏大的战争场面和唯美的超越时空画面所吸引。在这些元素的背后，更使人赞叹的是电影技术的高科技层面。从纯粹的审美活动到对技术知识的关注，正是在审美体验的激发下自觉地转移到了对知识的思考上来。再如，曹雪芹的传世名著《红楼梦》，从文学意义上而言，写了一个封建大家庭由繁盛到衰落的整个过程。除此之外，这部经典作品还包含很多方面的知识，如服饰、茶艺、饮食、药理等知识，也成为众多研究者竞相研究的对象。我们不仅被它的故事吸引而感动，产生情感上的共鸣，而且在审美鉴赏的同时，我们也获得了丰富的知识，并且是充满兴趣地接受。美育就是通过各种形式引起大学生赏心悦目的感受，并传授给他们一定的社会生活经验以及蕴含着美的因素的科学文化知识，潜移默化地培养大学生健康的审美情趣，增强他们的审美能力，激发他们的想象力和创造力，使他们在有限的审美对象面前洞悉无限奥妙的世界，真正开阔他们的眼界，获得更多的知识，厚积薄发，完善自我，改造世界。

2. 美育有助于青年挖掘潜能，开拓创新

现代生理学认为，大脑构造是一个有机的整体，左右两半球分工协调运作，左半球负责理解和概括文字、语言及数字计算，即所谓的逻辑思维。右半球负责文字、语言和数字以外的图形识别、音乐鉴赏、绘画鉴赏，以及舞蹈等感觉和肢体动作，即所谓的形象思维。从科学的角度可以看出，如果盲目地注重智育会使大脑左右半球得不到平衡发展，大脑潜能也得不到最大限度地挖掘。同时

大脑是一个有机整体,右半球形象思维锻炼的忽略,也会影响左半球的发育。逻辑思维能力的发展有赖于形象思维的发展。

在所有的教育形态中,发展人的形象思维是美育的根本优势所在。形象思维能够突破某些条件的约束,开阔人的视野,拓宽人的想象空间,在恢宏大气、异彩纷呈的想象中去发现、领悟和创造美。总而言之,美育正是通过观察、思考去培养学生的思维能力,激活学生潜在的想象力,进而发展他们的创造力,开发他们的智力,使形象思维和逻辑思维有机地结合起来,这样下去学生的整体素质的发展才能如有源之水。

(三)青年美育与体育教育相辅相成

把体育与美育结合起来,更有利于学生达到健康的标准。换言之,通过体育锻炼,可以使人身体健壮,保持良好的精神面貌,从而显示出人的良好气质。通过美育修养,提高人的审美情趣,可以保持人的形体美,从而促进人们进行体育活动。体育锻炼与美育修养结合在一起,就塑造了一个身心健康的人。所以,如果没有强健的体魄、健康的身体,那么体育所散发的健康美感就无法感受得到。同样,没有良好的美育修养,人们就降低对体育认知度,简单地认为体育只是竞技场上的活动。因此体育和美育相辅相成,缺一不可,二者共同促进人们身心健康平衡地发展。

1. 体育教育中蕴含着美感

人们通过科学严格的体育训练,可以促进自身的健康发育,以获得匀称的体型、优美的身姿、强健的骨骼、发达的肌肉和健康的气色。人体所做的自由协调的肢体动作,也能使人产生强烈的审美情趣。另外,人们对于体育运动的兴趣,往往是从运动形象美的感知开始的,跑步、打球、跳高等。要说体育中的美,首推体操运动。在世界奥林匹克运动会中,中国代表队在体操竞技场上留下了很多辉煌历史。无论是高低杠、鞍马、蹦床、吊环还是自由体操,每一个项目的评分标准里都体现着美的分数。尤其是女子自由体操,美妙的音乐伴随出神入化的舞蹈动作,简直美妙绝伦,无可比拟。让人已经忘掉这是在竞技场的比赛,以为是运动员们为庆贺节日而翩翩起舞。将美的因素注入运动中来,使运动员的身形可以呈现线条、比例等美的组合关系,增强自身的美感,提升整个运动过程的审美效果。随着人类文明的发展,体育运动的观赏性越来越强,成为一种给人提供审美享受的一项运动。

2. 美育促使青年身心健康

美育可以更好地促进大学生在体育运动中注重形体美,促使体育技巧的提高和完善大学校园中经常举办的运动会,其中的一些运动项目也很注重身体的美感,如掷铅球,它不仅要求动作的标准、到位,而在掷的一瞬间,标准的动作中就包含着一种张力,使身体的美感和力感得到最大限度地发挥。健美操也是注重美感的一项运动项目,它旨在锻炼出健康、优美的身体,在做操的过程中也要求动作的协调、整齐划一,从而展现出更加突出的审美效果。只有通过美育使学生们得到形象化的视觉感知,他们有了模仿的冲动,才会将表象化的印象转化成运动技能,进而在练习中将机械的模仿上升为动作的自由发挥和创造。不同的体育运动给人一种不同的审美感受,使人们提高认识美、鉴赏美、表现美,甚至创造美的能力,获得体育美的综合效果,给学生以潜移默化的影响。另外,把美育引入体育,促进体育运动的动作向标准化、审美化方向发展,可以避免错误动作对身体带来的伤害。体育评价与审美评价相结合,这样可以使体育更符合培养全面发展个性的素质教育的宗旨。因此,大学生按照美的规律来塑造形体,完善运动技巧,向着和谐、均衡、健美的方向发展。

美育协助体育促进大学生的心理健康。美育可以使人得到精神上的满足,能够使精神生活健康,也是对生活积极向上的有力保证。对大学生而言,仅有健康的身体是不够的,心理健康同样重要。在体育中身体的运动也带动着心理的发展和提高,然而仅靠体育使大学生达到身体和心理上的健康,还有一定的难度。美育则可以承担起通过情感活动带动心理发展的任务。当前社会生活节奏和信息传递日益加快,竞争压力日益增加,很多学生在快节奏的学习环境下会感到紧张焦虑。美育强调审美,审美强调超越功利性,这种超越对于培养良好的心理素质而言具有重要作用。很多大学生可能都会有这样的经验,在锻炼身体时候播放配乐,会有怡情效果,能够稳定情绪、调节心理、心情舒畅,达到身心愉悦,增强健康指数。能够适应各种环境,逆境中也能以乐观的心态去面对,这样才能使自己发展成一个真正意义上的健康的人。身体与心理的协调发展结合起来,这正是美育促进体育开展的作用所在。

第二节 高校素质教育视野下美育的有效性

审美活动已经发展为人类所独有的精神活动,它对于人的全面发展、人格的完善等都有着重要的作用。青年人感觉敏锐,想象力丰富,情感强烈,求知欲强,希望获得审美的种种知识。因此,如何发现和把握当代青年的审美生活取向,提高青年对审美重要性的认识,促使青年的心灵趋向高尚、健康、纯洁,是青年美育的首要任务,也直接影响着国家和社会的未来。增强对青年的审美教育,对于丰富青年的生活、愉悦心情、启发思想、开阔视野、净化心灵、活跃思维有着长远的现实意义,也符合国家素质教育培养全面型人才的要求。作为素质教育的美育,并不像以往只注重应试和技能培养的功利主义教育观,反而更重视学生创造性思维能力的提高,它的主要目的是将青年从单纯技能的培养转向个性的全面发展,使教育者与受教育者在塑造高尚健全人格方面得到双向提高。由此而言,加强审美教育,通过自然美、社会美和艺术美等方式对青年的审美趣味、审美理想进行正确的引导,使青年在理论层面上认识美,在社会实践中更好地感受美,提高美的鉴赏力,提升审美水平与审美情趣,这对于素质教育的全面开展与实施具有积极的推动作用。

一方面,青年的生理、心理机能和机制正处于逐渐成熟中,开始走向自律;另一方面,这种机能、机制又存在着不稳定性、容易受到外界不良事物的影响,而美育恰恰能怡情养性,如果能对他们进行艺术审美教育,则会对增强青年的社会责任感和道德意识,提高青年的道德水平与综合素质,使青年尽快融入社会有一定的推动作用,也有利于青年的就业以及就业后的身心健康发展。尽管现在社会和高校已经逐渐认识到开展审美教育的重要性,在部分高校也设置了一些相关课程,但是在实际的教学中,审美素质教育的各实施环节还是出现了不足。因此,要改善高校素质教育中的问题,必须改变以往在教学工作中实施美育的不足。

青年素质教育视野下美育有效性的提高,需要端正青年对审美素质教育的认识。美不仅是人们生活的需要,还是人们生活的导师。社会的发展和人的进步,不仅需要科学技术的推动,还需要人文精神的支撑。人文精神实质上是人类精神本质的体现,在审美教育领域中表现得十分明显。人文教育中最重要的就是塑造人们真、善、美的心灵,一方面,要确立自我实现、自我超越的精神;另一方面,要培养关心他人、服务社会的品质。这对刚刚步入青年的学生而言,更是如此。我们国家的教育事业一直提倡,教师不仅要教书,更要育人。所以,其对于学生人格和道德品质的培养在整个教学工作中占有十分重要的位置。

在实际教学活动中,对于加强自身的艺术审美修养,大部分学生表现出了积极的态度，但也有少部分学生认为无所谓，甚至觉得审美教育浪费时间。这就需要高校和教师在进行审美教育时对学生的思想误区进行正确的引导，不要将美育"神秘化""纯理论化"，而是要通过潜移默化地渗透，从内心情感的角度去打动学生。教师应该认识到每个人都会有美的感受、美的体验，只是程度不同而已，应该肯定学生对美的想象和期待，加强相互间的沟通与交流，端正学生的审美态度，让学生认识到美育的过程是愉快的，这样才可以使他们真诚地、自发地实现道德教化，从而建立全面而稳定的道德人格。

青年素质教育视野下美育有效性的提高，需要针对青年实际审美趣味和审美理想的需要，调整美育的方法和手段。"审美趣味作为审美意识的重要组成部分，它是审美情感、审美理想、审美能力的表现和结果。因此，审美趣味能反映审美主体的精神面貌、素质修养及人生态度"。而审美理想是一个人对未来的审美期待与追求。在高校进行审美教育活动时，要改变仅讲授美学理论知识或只进行单一艺术活动的模式，在学校条件允许的情况下，尽可能多地提供各种渠道，在教师课堂讲授美学基本知识的基础上，配合在学校开展各种形式多样、内容丰富的校园文化活动，鼓励学生在学习之余多参加学校正规的艺术团体和每年举办的文艺比赛，在锻炼个人能力的同时，还能疏导和宣泄学习带来的紧张与压力，并且对于增强校园文化氛围起到了积极作用。

例如，可以在学校开设面向全校学生的公选课——审美与人生，目的也是通过对美育的三种方式——自然美、社会美和艺术美的阐述，在学生专业技能学习的同时，也能对其道德品质进行规范。帮助学生树立正确的世界观、高尚的人生观、价值观和团结友爱、合作、进取的精神，在日常的学习生活中提倡语言美、行为美、仪表美等，引导学生追求健康、积极的审美趣味和审美理想。在进行人体美课堂知识讲授时，要求学生对于人体外在美的装饰要得体大方，塑造形体时要做到遵循自然的规律，达到健与美的统一，并且在讲授的同时配合一些求职礼仪、餐桌礼仪、仪表礼仪等教学视频，使学生明确如何规范人体外在的风度和气质。在讲解心灵美的教学内容时，可以通过当前社会中一些美丑行为的对比，使学生认识到如何正确地协调人外在美和内在美的关系，并且着重强调心灵美的重要地位，尤其在面对学习、生活和以后工作中的挫折和困难的时候，具有健康美好的心理素质是至关重要的。

总而言之，在国家全面推行素质教育的大环境下，对于加强高校的审美教育,培养当代青年的人文素养不可忽视,尤其对于开展高校美育的方式更是需要我们不断地探索和创新。

第三节　高校素质教育与美育的创新追求

美育不仅能培养青年高尚的情操,还能激发青年的学习活动,促进智力的开发,培养创新的能力。立足素质教育的要求,青年创新精神的培养成为我国美育理论和实践的一个新起点。创新精神的培养离不开创新教育,创新教育要使师生都能认识到创造是人本质的最高体现和表征,开发人的创造力就是维护人类的天职,在知识经济时代对任何一个国家都是首要任务。

青年美育包含着对青年的审美情趣和审美能力的培养,而青年在寻找美、发现美、欣赏美、享受美的同时,便会在别人的引导下主动去追求更完美的事物,更重要的是挖掘学生的潜能,而追求美的过程便是培养青年创新能力的重要途径。把美育定位在创新教育的意义上,不仅为美育地位和作用重新被确认提供了新的理论和实践基础,也对我国美育理论研究和实践提供了新的要求。我们只有在美术教育中实施创新教育才能适应这个要求,进而才能正确发挥美育在素质教育中的作用。

以"美术教育"为例,美术教育担负着开发人的创造性资源的重要使命。首先,从科学发展角度上看,应重视创造性资源的开发。高科技对传统美术冲击力较大,所以美术教育不要局限于美术教育本体来认识,而应从培养跨时代人才的角度去认识。面对电脑和信息网络时代,我们必须重视开发学生的创造性资源。其次,从人的心理需求看,现代人更渴望创造力的开发。并非知识越多,创造力就越高,作为人类精神能力最高体现的创造力对社会、个人都有极其重要的作用,而美育是对创造力培养最有成效的学科之一,是现代美术教育与创新思维相互作用。

一、推进创新教育的实践原则

创新教育已成为知识经济时代学校教育的主题,美术教育中推进实施创新教育应从四个方面入手:一是更新教育观念,培养创新人才。创新的关键在人才,人才的成长靠教育,创新人才的培养,基础在教育,责任在教师。在新的形势下,美术教师应该站在面向世界未来的高度,培养具有创新精神的人才。二是必须树立新的人才观。我们要培养的人才，必须是能够适应新世纪要求的人才，既要有远大的理想，坚定的信念，又要具有创新精神和创造能力。三是必须树立新的教学观。强调新型的民主平等、自由合作的师生关系，鼓励学生展开想象的翅膀；设计审美悬念，激发好奇心，拓展思维。四是教学方法改革，培养创造能力。利用多元化教学，创设情境，启发想象，充分发挥学生的主体作用，激发学生的创新欲望。

二、用多种形式培养创造能力

创造力的核心是想象，因此培养学生的想象力和创造思维能力是培养学生创造力的关键，也是美术教育的目标和教学方向。创造性思维及想象能力是把各种已有的知识、信息借助于想象和联想，通过科学的思考方法，进行更新组合与综合，从而形成新知识、新信息的思维过程。因此，创造性思维及想象能力的培养可以从以下几个方面着手：

（一）广泛观察生活，积累感性经验，发展学生的发散思维和想象力

生活是创造的源泉，没有生活，创造就是无源之水。发散思维是创造思维的主要成分，重视生活对发展发散思维、培养学生的创造能力起重要作用。

（二）创造情境，引导学生掌握创新思维的策略

培养和发展创造思维是创造教学的核心，启发创作欲望和思维活动，需要教师为学生创造一定的情境，培养学生创造思维；引导学生掌握创造思维的策略，增强其思维的灵活性和独创性，诱发其创造的兴趣以至坚定其创新信心。

（三）鼓励学生质疑问难、超越常规，注重个性培养

善于发现问题，敢于大胆怀疑，喜欢寻根问底是创造型人才的主要特征。因此，在教学中，我们要注意引导学生不拘一格地活跃思考，让学生大胆猜测、设想，避免束缚学生的想象力，通过顺向思维、逆向思维、多项思维的训练，培养学生思维的广阔性、灵活性和独立性，发现和正确对待有创新意识的学生，启发学生向具有高度创新意识的人学习。

（四）充分利用第二课堂，有利于培养学生的创造精神

发展第二课堂对学生的文化修养、知识结构的形成有着特殊的重要性，充分发挥其作用，要鼓励学生面向社会，从生活中汲取养料，体会艺术美与自然美的关系，发展学生感知美、鉴赏美、创造美的能力。

三、进行实践架构与创新升华

当学生已树立了创新意识,掌握了创新方法,下一步需要做到的就是帮助学生在实践中运用"创新"。教师应该正确对待学生的创新,多给学生创造"创新"的实践机会,使学生的创新在实践中得到升华。因此,可以从以下几个方面来实现创新升华。

(一)要坚持学校、社会、家庭三方面的统一

坚持学校、社会、家庭三方面的统一,是做好创新教育的重要保证。每个人都具有创新的潜能,但是把潜在的创新力转化为现实的创新力,必须要有一个激发潜能、形成创新力的环境和氛围。

(二)坚持建立良好的新型师生关系。教育效果的优劣依赖于一定的师生关系

良好、协调一致的师生关系是进行教育活动、完成教育任务的必要条件,也是我们搞好创新教育的基础。

(三)要坚持以教师素养为保证

教育者应以自身的创新意识、思维和能力等因素去感染、带动受教育者的创新力的形成和发展。

(四)坚持启发式教学

创新教育中的教学方法应坚持启发性原则,创新是一项自主性的活动,教师在创新教育的过程中要启发和引导学生,只有通过启发式的教学,才能调动学生的主动性、自觉性,从而激发其积极思维,培养分析问题和解决问题的能力。

四、评价需要激励探索与创新

(一)合理评价结构,互动交流,引导创新

科学合理的评价,可以促进和提高学生学习的积极性。教学评价应使每位学生的身心都能得到发展,并能充分感受到成功所带来的喜悦和自豪,使学生树立起学习的自信心和自觉性。

(二)评价要鼓励探索与创新,杜绝平淡与重复

美术教育工作者要注意在培养学生的创新意识和创造能力的教学活动中取消用一个标准、一个答案,只求共性、忽视个性的评价方法。

创新是进步的不竭源泉,美术教育中必须追求创新,更好地实现美育在素质教育中的价值。美术教育中培养学生的创新能力,是 21 世纪美术教育的重大研究课题。在教学上不断创新,培养具备创新能力的学生,是美术教师应重视的问题。素质教育下美术教育的创新追求势必能提高学生的美育水平,使学生具备创新的头脑,用创新的思维方式去发现和解决问题。

第四章

新时期高校美育实践探索

第一节 自然美审美实践

一、自然美的形成与特征

（一）自然美的形成

所谓自然美，是指现实生活中自然事物、自然现象及其关系所呈现出来的美。它能激发人们的情感体验，是一种天然的、有意味的形式美。诸如日月星辰、山水树木、花鸟鱼虫、园林田野等，都属于自然美。

自然美是社会实践和社会生活的产物。在人类出现之前，日月星辰、江河湖海、山川小溪、花鸟鱼虫等自然景物早已存在，但没有人类对它的审美评价，大自然本身就无所谓美丑。人类出现之后，最先需要解决的就是生存问题。在人类眼中，大自然最开始是作为一种对立物存在的，人类要征服自然获得物质资料，就不可能将它看作审美对象，进而也发现不了大自然中的美学价值。随着人类社会的发展，物质资料的满足让人们开始重新审视自然界，自然界中的有些事物才被认为是美的。随着人类审美能力的提高和认知的进步，人类认为的自然美的数量在不断增多。由此可见，自然美的形成是有条件的。具体地说，自然美的形成除自然物本身的属性、形状美之外，还必须具备以下几个条件。

第一，自然经过人类直接的实践、改造，使自然物打上了人的本质力量的烙印，从而具有了审美价值。

马克思说过："自然界起初是作为一种完全异己的、有无限威力的和不可制服的力量与人们对立的，人们同自然界的关系完全像动物同自然界的关系一样,人们就像牲畜一样慑服于自然。"在远古时代,泛滥的洪水曾经危及人类的生活和生命,导致"江河横溢,人或为鱼鳖"的悲惨景象。那时,水流河川处在同人类相敌对的地位,人们只能像奴隶一样服从它的威力。这样的自然物,如同毒蛇猛兽一样可怕,当然无美可言。只有认识了自然,掌握了自然的规律,并使其能够逐渐为人类服务时,这样的自然才能使人感到可亲、可爱,从而产生美感。坐在装有避雷针的高塔之巅,观看夏夜电闪雷鸣的壮观;站在三峡水库巍然高耸的大坝上,眼见孜孜江水顺从地纳入人为的水道,化作巨大的电能;坐在有保护装置的浏览车中,欣赏野生动物园内狮虎怒吼的雄姿……都会让人感到自然的神奇绚丽。因为,在这种自然景物中,人们不但看到了自然物本身所具有的美,而且从中看到了人的智慧、才能和力量,人能够在自然中"直观自身",自然物中打上了"人的本质力量"的烙印。这样的自然,马克思把它称之为"人化的自然"。

人类通过对自然的征服和改造,为自然界打上了人为标志的烙印,这就是所谓的"人化的自然"。黑格尔曾经说过,自然界中的事物是天然存在的,是不变的。而人首先是自然界中的一分子,其次作为心灵的存在,可以反复认识自我、思考自我、最终在自然中去复现不同的自己。这段话的意思是,人类可以通过自己的行为去改变自然,并在自然中复现自己。比如"沙漠变绿洲"的现象,就体现出人类改变自然的成果,显现着"人的本质力量"的光辉烙印,人们改变自然,并可以从中获得审美愉悦。

第二,人类通过认识和掌握自然规律,与自然和谐相处,使自然成为人们生活的一部分,并从中获得审美价值。

自然界和人类及社会生活息息相关,它以长期固定的姿态存在着,进而影响着生活在其中的人们的生活和行为习惯。因此,自然物并不需要改变自身,也不需要同社会功利化目的联系起来,就可以成为人类的审美对象。也就是说,有些自然物并不一定都经过人的直接加工,而是在人与其相处交往中,得其利,赏其美,畅神陶情,从而化为自己生活中的一部分。

在远古时代,因为物质水平低,人们的认知水平有限,因此虽然人类生活在大自然中,但不可能将自然中的山水、星月、花朵同人的精神需求联系在一起。随着社会生产力的进步,人类认知水平也随之进步,对精神和审美的需求就逐渐显现出来了。人们在劳动实践活动中,一方面同大自然搏斗,另一方面同大自然和谐相处,并逐渐融入自然环境中。这时,自然便成为人类生活的一部分,人类随着视野的开拓,对自然的认知越来越强,并从中获得审美价值。

大自然中有许多壮观景象,如宇宙星空、云雾日月、原始森林、高山大海等,正是在人类长期与这些自然事物交往的过程中被人所认识,并逐渐掌握了其规律,从而同人们的生活发生了某种联系,产生了情感上的相通。"白云苍狗"让人联想到人世沧桑;月色朦胧引起思乡情怀;夕阳黄昏比喻为人生暮年;云霞雾霭幻化出神仙世界……这些都能给人以美感。人们喜爱黄山的奇峰怪石,留恋漓江的碧波清流,即便是寻常农家景象,林边的小河垂柳,房后的青山夕照,也足以使人忘却身心的劳顿,而产生无限的遐想。再比如,广阔的草原、巍峨的雪山,可以愉悦人们的精神;皎洁的月光、闪烁的星空,与人们的生活是紧密相连的,并在潜移默化中给予人类美的享受。

第三,自然物作为人和人类精神生活的某种象征,而被人格化、人情化,从而显示出审美意义。

这种情况的发生,主要是自然物的某些特征、规律同人的情感心理产生"异质同构",形成审美中的移情现象。比如,月亮因它那淡淡的幽光,出现于静谧的夜空,最易引发人们思亲思乡的寂寞情怀,所谓"举头望明月,低头思故乡";又因它那团团如玉轮或弯弯似银钩的形态,出没云间,最易使人产生超现实的种种神秘幻想,所谓"不知天上宫阙,今夕是何年";等等。

综上所述,我们不难看出,自然美是在人与自然的关系中产生出来的,是人类历史发展的产物,是一个自然事物的客观性与社会性相统一的过程,即"自然的人化"的过程。正是通过生产劳动,人与自然的异己关系发生了根本性改变,而人在与自然的交往中,审美的本质力量不断得到丰富,逐渐形成能够欣赏自然美的审美能力。毫无疑问,我们强调使人的本质力量得以对象化到自然物上的社会实践,是构成自然美的决定性因素,并非否认自然物自身的某些属性(如生物的、化学的、物理的,以及结构形式的属性等)同自然美的关系。事实上,这些属性的意义也不可忽视,它们也是构成某一自然事物的特定美的物质条件。

(二)自然美的特征

自然美作为一种天然的形式美,它的美既决定于它的自然属性,又决定于它的社会属性。它主要具有以下几个方面的特征。

1. **丰富性、自然性**

自然界中的美是千变万化、种类繁多的。从天上到地下,从水中到陆地,从日月星辰到花鸟树木,有着多姿多彩、形态丰富的美。其丰富性、自然性是其他一切美无法比拟的。人类无时无刻不在跟自然接触,自然美是人类进行艺术活动时所有灵感的源泉,也是一座取之不尽的素材宝库。跟其他任何形式的美不同,自然美没有人工雕刻的痕迹,保留着纯真、古朴的天然本色,有着清水出芙蓉,天然去雕饰的魅力,陶冶着人们的审美情操。融入自然山水,可以涤荡心灵,净化精神,保留人类的纯真本色。我们以九寨沟的水为例,同样是水,却有着不同的形态。镜月湖中的水碧绿宁静,仿佛一块美玉;珍珠滩中,水流湍急,溅起的水滴如同散落的珍珠在跳跃,调皮地跟游人做游戏;诺日朗瀑布中的水,则有着万马奔腾的气势,几十道瀑布奔流而下,显得雄伟壮观;五彩池中的水跟它的名字一样,凭借水底石头折射的光,在池中呈现五彩斑斓的颜色,如同一个聚宝盆……看到这里,人们则会叹为观止,大自然竟能赋予水如此巨大的魅力!

自然美的丰富性更是其他美无法比拟的。以青山之美为例,我国的许多名山,山山不同,各有特色,黄山之奇,泰山之雄,峨眉之秀,华山之险,青城之幽,无不令人赞叹。而每座山中各有奇观,配有飞瀑、泉流、怪石、岩洞、云海……真是变化万千,百媚千娇。

2. 寓意性、象征性

随着社会认知的发展,人类不仅懂得欣赏自然界中的美,还将自然界中的事物同社会生活联系起来,赋予其一定的人格。这种隐含的寓意一般通过暗示、象征体现出来。例如,松树四季常青,不畏风雪,人们将它看作坚毅不屈的代表;"春风起,万物生"人们将春风比作生机和生命;等等。历朝历代的文学艺术家,总是喜欢赋予自然界中的事物"某种特征",使其成为人的精神意志的代表。比如,宋朝的周敦颐赞美莲花"出淤泥而不染,濯清涟而不妖",将莲花拟人化,赞美它如同人一样的高洁的品质;"可远观而不可亵玩焉",莲花像品德高尚的人一样令人神往,但不可亵渎。同时,也将莲花的自然属性"不蔓不枝""亭亭净植"同人类发生联系,暗示着作者对理想人格的向往。人们赋予自然界中物品象征性的意义,其以美好的寓意陶冶人的情操,触动人的心灵,使人的精神获得提升。

3. 变易性、多义性

自然界中美是不断变化的,自然美是"自然的人化",因此自然界中的事物既遵循自然界的变化规律,又受到人类社会实践的影响,从而呈现变易性和多义性的规律,以及不同的审美特征。这样的多变性表现在阴晴的变化、朝暮的变化、四季的变化、方位的变化等方面,从不同时空角度欣赏同一审美对象,就会有不一样的审美感受。春花秋月、晨曦夕照、月夜花朝……自然界的时空变换带来了多姿多彩的美丽,大大拓宽了人类对自然美的审美想象。

自然美的变易性由多方面因素形成。首先,自然美是一种综合性的美。自然界中的事物很少是孤立存在的,它同周围的事物一起共同构成相互映衬、融合的美的情境。《林泉高致》中有"山得水而活,得草木而华,得烟云而秀媚"。意思是,同样是山,和水相互映衬就如同活了一样,和草木在一起就有了光彩,烟云笼罩的山峦显得秀丽多姿。同一事物,因为某一项或者几项因素有变化,就会改变它的综合美,呈现不一样的审美情趣。其次,自然美会受气候的变化影响。四季变化是自然界不变的规律,春华秋实、夏雨冬雪,时令、气候主宰着自然界中的景色,轮回交替谁也无法改变。自然界中的事物无不受它的支配,在四季中展现的美丽各不相同。自然界中的事物也都有着自身的变化规律。例如,植物大都春天发芽,夏天开花,秋天结果,冬天叶落,变化十分明显,显示出不一样的美。最后,人的实践活动会改变自然界中的美。随着人类社会的发展,人们对美的认知更加丰富,会按照自己的审美眼光来改变自然,或者建造山水园林,或者改变自然环境,或者赋予自然事物以人文情怀……自然美和人工美相结合,呈现审美的多样化。

自然美的变易性导致了它的多异性。意思就是,同一自然景物,在不同的情境之下,就会产生不一样的美的意蕴。例如,同一风景名胜,在和平年代会有热闹、喧哗的美丽;在战乱年代,萧条、宁静是另一种美丽。

4.重在形式美

自然景物主要通过外在的形态,如颜色形状、质地形态、声音、光泽等,吸引人们的目光,引起他们对美的追求。自然物以生动、清晰、鲜明的形式展现出来,被人关注,才能成为审美主体。自然美侧重形式美,知仙鹤,因为羽毛雪白、姿态优美的外形特征广受人们的喜爱,在一些民族和地区还被视为神物。再比如蝴蝶,在蜕化之前是被人憎恶的毛毛虫,蜕化成美丽的蝴蝶之后,因为外形的改变被人类所喜欢,它作为代表美丽的形象,常出现在文学作品中,所谓"留连戏蝶时时舞,自在娇莺恰恰啼"。总之,自然景物的看重形式美,是审美的本质所在,如果没有形式美,自然美就如同无源之水,失去了依托也就不复存在。

二、自然美的审美指导

当前,欣赏自然美已成为人们精神生活中不可或缺的内容。自然美的欣赏最为方便,也最为廉价。人们生活的周围到处都遍布着自然美,蓝天白云、旭日晚霞、青草绿树,几乎人人都可以看到。当然一些高级的、理想的自然美还需要我们去寻找和发现。但是,现实中并不是人人都懂得怎样去欣赏自然美。那么,怎样才能更好地领略自然美呢?主要有以下几种方法。

(一)欣赏自然美,要培养和练就一双善于捕捉和发现美的眼睛

我们生活在美丽的大自然中,自然美无处不在,无时不有,关键是我们要善于发现自然界中的美。正如罗丹所说:"世界上并不缺少美,而是缺少发现美的眼睛"。生活只要留心,处处都能看到美。清晨出门,朝霞映照在树木成行的小路上;黄昏散步,公园里花香扑鼻、奇花异草争奇斗艳;夜晚静坐窗前,月光如水般倾泻而下,伴随窗外清脆的虫鸣声,宁静美好。只要有欣赏美的能力和心情,就会敏锐地发现,生活中处处不缺乏美好的事物和景色,处处充满着自然赋予我们的美丽。

对美的欣赏,大部分时间是通过视觉感官完成的。除此之外,还可以通过听觉、嗅觉、触觉等其他感官,来捕捉大自然中别样的美。例如,山间小溪流叮咚流动的声响、大海中波涛冲刷岸边的声音、幽深丛林中的鸟叫声、空山深谷中的回响声,种种自然界中的声音都能带给人融入其间的美的享受。再比如可以抓起一把潮湿的沙子,感受它的松软;盛夏靠近奔流而下的瀑布,感受溅起的小水雾飞到身上带来的凉爽感;用鼻子靠近盛开的花朵,深嗅花朵的芳香……触觉和嗅觉带来的感受,也能够让我们体验自然赋予人类的无穷无尽的美。人在欣赏美的过程中,并不是单一地使用某一感官,而是会不自觉地调动所有的感官使之发挥作用。所以,我们在欣赏不同形式的自然美时,要善于调动感官去获得更多的美感享受。

(二)欣赏自然美,要善于选择最佳的时空与观景角度

自然美有无比丰富、生动的长处,也有零散、杂乱、易变的短处。因此,进行自然美欣赏时必须注意对自然景观的选择,取其精华,弃其糟粕,扬长避短。

1. 节令、气候的选择

自然景物的美往往瞬息万变,稍纵即逝,如雨后的七色彩虹、峨眉金顶的神奇佛光、沙漠里的绿洲幻影、蓬莱仙岛的海市蜃楼等。即便是一日之中,早午晚的风光也各有差异,因为同一景物在不同的自然环境中呈现的面目大不相同。它要受到阳光日照和雨雾风雾等各种因素的影响。晨曦和黄昏的景色之所以格外迷人,就在于旭日和夕阳那灿烂而柔和的光色熏染,或洋溢着生命的朝气,或蕴含着眷恋的情怀,且能使人流连忘返。

至于雨雾风霜,人们常担心它对自然美欣赏产生负面影响,其实在不少情境中,它们不但无损于自然美,还会增添某种特殊的诗意和情趣。例如在淡淡的细雨中泛舟漓江,便能领略到一种晴日无法见到的朦胧美;在飘忽的云雾中登上张家界的天子山,群峰立,若隐若现,真如仙境。

2. 欣赏自然美的空间选择也非常重要

先要了解对象本身的特点再去确定欣赏的位置和角度。拿我国几座名山来说,泰山"雄",因此去泰山必须登高,且要登上山顶,方能尽览四周无限平川,感悟"会当凌绝顶,一览众山小"的雄伟气势;黄山"奇",有奇石、奇松,更奇的是云海,所以登黄山须选有云之时,登上天都峰最高点观赏那云海中奇峰出没、如梦如幻的美景;华山"险",必须专门去攀登千尺幢、百尺峡、苍龙岭等险关,方能领略"自古华山一条路"的险峻;峨眉"秀",游峨眉山则要穿行于绿荫葱茏的山径小路和清泉叮咚的峡谷幽溪之中,才可体验其秀丽清幽的妙处。

3. 在观景时还须注意最佳角度的选择

事实上,许多惟妙惟肖、引人联想的景观,都只能在特定的景点、恰当的角度才能看到,如庐山的五老峰、雁荡山的情人岩、漓江边各种名目繁多的山峰景观,往往是移步换景、稍纵即逝。一般说,景观处的亭子除点缀景色、供人歇足外,主要功能还在于供人们赏景。例如,山间、山顶的亭子往往设在视野开阔或宜于观赏某种特定景物(观月、观瀑等)的场所,水边的台榭则多建在观赏水中倒影或宽阔水面的佳处。所以,到了这些地方应当稍做停留,细加浏览。不少年轻人爬山时常常一口气跑到山顶,照张相后即返回,对沿途景色不顾不问,这只能算运动健身,不能说是欣赏自然美。还需提醒的是,移动中的景物往往兼有一种动静交替的美,而且都是瞬息而过、变化万千的,是最不能放过的。所以,在一些依山傍水或鲜花盛开的田野草原行车时,欣赏行进中的外景本身就是一种有意义的旅游。

(三)欣赏自然美,要把自然美欣赏同艺术美欣赏融为一体

我国是有五千年历史的文明古国,文物古迹遍及全国。我国有许多旅游风景区,实现了自然景观和人文景观完美地融为一体。以山东泰山为例,登泰山可以一边欣赏自然景物独特的美,如泰山日出。同时,泰山作为历朝历代帝王的祭天封禅圣地,有着十分丰富的人文景观,如殿宇、石刻、文物等,其更增添了人为制造的艺术美。此外,如果我们进一步了解泰山的历史,再登上顶峰俯瞰四海,就会产生一种"会当凌绝顶,一览众山小"的自豪感,以此为我们国家民族而感到骄傲。艺术美不仅仅是美好事物的表现,当我们参观圆明园的残垣断壁时,它展现出来的是一种苍凉悲壮的美。我们会将它和近代历史中中华民族所受的耻辱联系起来,这苍凉悲壮的景色引起我们无穷的遐思。自然美不仅能够带给人美的享受,也不同程度地体现着民族精神和文化。

自然美同艺术美是有联系的,以自然美为题材的艺术美其实是自然美的延伸与升华。例如,贝多芬的《田园交响乐》第二乐章重点描写田园的优美风光,有小溪流水,有布谷鸟鸣,有主人公置于田园的无限欣喜与愉悦。倘若我们亲身到田野小溪、园林水池,领略了大自然的美色,再听听贝多芬的乐曲,肯定会对自然美和艺术美都有深切的体验,以此获得双重的美感享受。

因此,提高欣赏自然美水准的另一有效途径是加强文史知识的学习和美学修养,在艺术与知识中汲取营养,尽力开阔自己的审美视野。一般说,文艺作品中的游记、音画、山水画、田园诗乃至名胜古迹上留下的无数楹联、诗词等,都是历代文人墨客留下的对自然美的赞歌,这其中融入了他们对自然美的敏锐发现和深刻感悟,是引导我们观赏自然美的最好指南。

第二节　社会美审美实践

一、社会美的形成与特征

(一)社会美的形成

社会美是指在社会生活领域里所呈现的审美形态,即社会事物、社会现象、社会生活的美。在改造自然社会的过程中,人的本质力量得到充分的显现,以显现出社会实践活动的美、社会实践成果的美、社会实践主体的美,上述三个因素构成了社会美。社会美的内容范围包括人的美(社会美的基本内容)、劳动产品的美、社会环境的美(主要指人际关系和社会风气)。

社会美根源来自社会实践,它最早是从人类为了生存而改造自然的生产活动中产生的。马克思主义思想认为,劳动创造了美。人在生产劳动过程中,人的自由、创造的才能和智慧、品格、意志、情感等本质力量得到了最直接、最集中的展示。人类的生产劳动作为调节人和自然关系的感性活动,是合目的性和合规律性相统一的活动,是显现和外化人的本质力量的活动,人类在劳动中看到自身的智慧和力量,把劳动和劳动的成果作为自身体力和智力的活动来享受,使精神产生极大满足,以此产生强烈的美感,劳动也就是创造美的活动。人类用自己的智慧和勤劳的双手,改造着自然,创造了一个又一个壮观的伟大的工程,如三峡工程、英法海底隧道、荷兰的围海造田、太空中国际空间站的建造等,正是在这样的生产活动过程及其产品中人类体验到自身伟大的自由创造力量,使精神得到极大的满足,体验到成就感和美感。劳动创造了社会美,美是社会的产物,在不断追求美、发现美、实现美的过程中,人类的实践活动本身必然会更加显示出美的光彩。

(二)社会美的特征

1. 社会美侧重于社会内容

美是形式和内容的统一。自然美更注重形式,而社会美则更注重内容的表现。社会美渗透着社会关系,体现着不以个人意志为转移的社会发展规律的必然性。另外,社会美是通过感性形式即具体行为显现出来的,而具体的行为总是受到思想意识的支配,存在着行为的动机,具有主动性和自觉性。社会美与人类社会的联系非常密切,也非常直接,直接显示真和善的内容,显示人的本质力量。在社会事物和现象的内容和形式发生矛盾时,其侧重内容美的特征显现得非常鲜明。社会美的内容往往体现为一种精神力量、思想面貌、道德风范,是人类优美心灵的闪光。因此,内容同它的表现形式相比,往往具有举足轻重的位置。比如,抗日战争中那些维护民族大义、视死如归的民族精英的美,它靠的不是他们的外貌、身材,而是他们内心的光辉精神与优秀品质,它以荡气回肠的精神力量与高尚的思想品质,唤起人们内心情感上的激荡,给人们以美感和教益。社会美在很大程度上表现在内容上,不论是劳动美、斗争美和心灵美都会使人首先重视其内在的精神力量。

2. 社会美具有鲜明的时代性、历史性、具体性、民族性、地域性、实践性和功利性

(1)社会美具有鲜明的时代性、历史性、具体性

社会美总与特定的社会历史条件有关,并受不同时期历史环境影响和制

约,强烈地依赖社会历史环境、科技发展水平、社会风气和生活习俗。它随时代而变、随历史而进,在不同的历史时期呈现不一样的审美标准。历史唯物主义原理告诉我们一个规律:一个具体社会的美与丑,只能在它的历史地位与功能上加以区分。封建社会代替奴隶社会、资本主义社会代替封建社会,这是新制度对于旧制度的胜利,是美对于丑的胜利。在同一种体制下,社会又表现出阶段性变化,奴隶社会、封建社会在初始阶段与鼎盛阶段曾经推动着历史向前发展,以及促进了生产力的进步,从而具备了美的性格;但是当它们走向衰落时,就会阻碍历史的进步,抑制生产力的发展而进入丑化阶段。

各朝各代审美所展现出来的面貌也各不相同。用女人的形体美来说,先秦时代以巨大强健而著称。《诗经》写美人,一再注重对此的描写,如"硕人其颀"(《卫风·硕人》),"有美一人,硕大且卷"(《陈风·泽陂》),"猗嗟昌兮,颀而长兮"(《齐风·猗嗟》)。硕、颀和昌这几个字是歌颂妇女健壮之美的,这些诗反映出当时人们对美的追求和赞美。至魏晋时代秀骨清像已成为人体美之准则,这可以从这个时代遗留下来的艺术作品上得到证明。汉代以后,随着社会经济文化的发展,美的内涵也有所变化,主要表现为对健美体形和优美体形的追求上。唐代则因经济的发展和生活的稳定,丰满微胖又成了女人美的典范,那时候仕女图体态饱满,洛阳龙门石窟唐代大佛,亦脸庞浑圆,表里如一。到了宋代,因为程朱理学禁锢了妇女,唐朝时期妇女那种生机勃勃之美,已不可见了,而是追求体形优美,于是"瘦骨嶙峋"便成了女性美的标准。今天,人们则把苗条修长、胸臀丰满、腰肢纤细、眉清目秀等作为女性美的一个标准条件。

(2)社会美具有民族性和地域性

不同民族和地域的人们,受地理环境、民族习俗、文化传统、道德观念等因素影响,积累了不同的审美经验,形成不同的审美标准。欧洲人的审美标准和中国人的审美标准就不一样。中国人公认的美女在欧洲人那里并不被认同,就是因为欧洲人认为的中国美女应该是塌鼻梁、小眼睛、单眼皮、眼尾上翘,如有一名模特,欧洲人就认为她是中国的大美女,大跌国人眼睛。亚洲人以皮肤白为美,而欧洲人作为白种人却以拥有一身古铜色的肌肤为美。

欧洲人认为皮肤苍白是不健康的、是丑的。所以亚洲的护肤品以增白型最好卖,而欧洲产的化妆品则很少有增白型的,欧美品牌的化妆品在进军亚洲市场时就因亚洲妇女喜欢增白效果明显的粉底而特地研制出原来在欧美地区并没有的增白型粉底。又如南太平洋的岛国汤加,这个民族以胖为美,女子越胖才更受欢迎,因此新娘出嫁前都会通过暴饮暴食增肥,对于男子也是一样,全国最胖的男子是姑娘心中最英俊的白马王子。

(3)社会美具有实践性和功利性

一切美都离不开社会实践,人通过实践活动,创造出了物质文明和精神文明的美,离开了社会实践,美也就成为无源之水、无本之木、无美可言了。但是,各种形态的美同社会实践有着直接或间接的关系,但并不是完全相同的。例如,自然美同社会实践之间,是一种间接的关系。这是由于自然界中美的事物和形式早于人类出现,它原本就是存在的。人类通过自身的实践活动,改变了自然与人的关系,二者之间由对立转向和谐相处,之后人类才发现了自然之美。因此,就是体现了社会美具有间接性的特点。特别是一些没有经过人类加工的自然美,如长河落日、锦绣山河,更是如此。而社会美同社会实践的关系则不同,它们是一种直接的关系。社会美的产生,来源于人类生活的方方面面,受社会环境的制约和影响。它同时显示着动态的实践过程,以及静态的实践结果。例如,人际关系的美体现在人们的各种动态交往活动中,日常生活的美则存在于社会生活中。

社会美的功利性是非常明显的。好坏判断标准,是否对人有益。凡是合乎人的目的要求、对人有用的东西都具有审美价值,都是好东西。人们对社会事物、社会现象美的感受与评价,主要从它对人有没有用处、内容有没有生命力、有没有体现历史发展规律的角度来考虑。由此可见,社会美的判断标准是以功利性为前提的,主要表现在它的社会有益性和实用性上。所谓社会有益性,就是指社会美的作用,即树立先进理想,建立积极生活态度,养成高尚道德品质,顿悟人生真理与价值,激发生活激情。所谓社会实用性,指的是劳动美、生活美、服饰美、饮食美等物质生活领域的美。具有审美和实用两大功能。其功能首先是实用,审美价值不过是充当实现实用价值的手段而已,审美附属于实用。精神生活中的心灵美、礼仪美,也要讲究其审美效应,讲究礼仪是为了融洽人际关系,便于团结合作,以实现某些具体的功利性事业。总之,社会美主要从两个角度体现功利性,一是精神的"实用"功利,二是物质的"实用"功利。社会美以强烈而直接的表现形式,强调了使用功效和实际利益。

3.社会美具有相对的稳定性和确定性

虽然社会美会在不同的阶级、不同的时代和民族之间存在不同的区别,但是相对于自然美而言,其依然表现出稳定性和明确性。原因在于,自然美依附于自然物,而自然物受自然界外部规律和自身内部规律支配,同时受到人类实践活动的影响,观察自然美往往会受到远近、方位、阴晴、四季变化的影响,如云彩,万里晴空飘过一朵流云,显得清新优美,夕阳西下,落日照射着金浪翻滚的彩云,呈现悲壮凄凉的景色。社会美则不同,社会美具有突出的社会性,而社会具有相对的稳定性,因而社会对真的认识和对善的判断必然有一定的稳定性,而且是非常明确的。

二、社会美的审美指导

社会美包罗万象,大学生面对纷繁复杂的社会现象就涉及怎样进行社会审美的问题,要使自己成为具有人格力量、美好风度举止、审美眼光和审美意识的人,就需要做到以下几点。

(一)要充分认识到社会审美的价值

社会美具有直接影响人类社会环境,以及影响人的生活、心灵的作用。而自然美和艺术美对于人的生活和精神的美化是发挥间接作用的,它受一定的条件限制,因此不能够随时随地进行。

社会美则与其他美完全不一样,它因为人的活动而时时刻刻存在,因此只要有人的地方,就有美的欣赏和创造,因而社会美就能发挥它的审美功能,而我们需要从认识社会美特别的审美价值开始,才能自觉发现社会美、尊重社会美,最终实现主动追求和创造社会美的目的。

(二)借助艺术作品来感受现实生活中的美

艺术美形象而生动地反映了现实生活中的美,好的艺术作品,也成了生活中的教科书,使我们能从这些作品中了解并体会到现实生活中的美好,从而增强对社会美的审美能力。

个人经历的人生很有限,但是在艺术的帮助下,我们可以体会到别人生活中我们没有的体验,从而大大充实并丰富了他们的生活阅历,由此可对比美与丑、善与恶,做出正确评价。艺术在人们生活中发挥着巨大而又深远的作用。它可以引导人们通过纷繁复杂的生活现象,去了解其中生活的本质,并使观赏者的精神世界得到一种升华,形成一种审美人生态度。因此,在日常生活中,可通过各种途径去学习和掌握欣赏美、表现美的方法与技巧可诉诸多种艺术手段,如文学艺术、影视艺术、书法艺术、音乐艺术、美术作品等。

1. 借助文学艺术作品来感悟生活中的美

当前我们使用的语文课本中,就有不少体现社会美的文章。这些文章中表现出了许多美好的品质。比如,热爱生活、珍惜生命,对亲情、友情、故乡情、民族情……的赞美,这些渗透在一篇篇文字优美的课文中。史铁生的名作《我与地坛》中,描绘出了浓浓的母子深情,令人震撼。儿子在青春年华突然瘫痪,因母亲无法接受这个事实而备受打击。她情愿失去双腿的是自己,可事实无法改变,于是她只能默默承受。强忍住自己的悲伤给儿子以鼓励,默默地包容着儿子的坏脾气,苦苦地熬着,只为等待儿子能够走出痛苦和迷茫,以重新建立对生活的信心,体现出母爱的无私伟大;从儿子的角度,他也深爱着母亲,对母亲充满崇敬和感激,特别是看到母亲因为自己偷偷抹泪,许多往事浮现在他的眼前,母亲的苦难与伟大是他振奋精神,走出迷茫的动力。文章中细腻的母子深情,触动了多少人的心扉,体现了伟大的人性美。《采莲赋》描绘出一幅江南采莲的热闹情景,将生活的美展现得淋漓尽致。《邶风·静女》中,男女青年在城角约会、互赠礼品,真挚而浓烈的感情,表现出人性对美的追求。《记念刘和珍君》一文,赞美了刘和珍等热血青年,为了我国的解放事业,不惜付出自己的生命,她们的斗争精神,以及她们身上表现出来的坚毅、沉勇、友爱和高度的社会责任感无不令人肃然起敬。《谁是最可爱的人》中志愿军战士以苦为乐,在艰苦的环境中坚持着自己的信仰,在战场上奋力拼搏,将生死置之度外,极其令人感动和崇敬。

2. 借助影视艺术作品来感悟生活中的美

影视艺术作品以其直观、逼真的整体再现客观现实的特色,成为各种视听艺术中最受人们所喜爱的载体之一,其对人们的思想意识、生活方式影响极大。

透过影视艺术作品,我们能够体会现实生活中的美好,这是影视艺术作品所具有的特性决定的。其一,跨越时空界限。由电影和电视所记载的历史更具感染力,体现出特定时代影视艺术美的精髓。鲁迅曾说过,艺术是国民精神所发出来的火光,而它又是指引民族精神未来发展的火光。

我国出产了不少令人欢欣鼓舞、激动不已、感人至深的影视作品,呼唤并激励着大批有志者为国家建设和富强做出贡献。影视作品中,有田园牧歌式的浪漫,让欣赏者仿佛回到乡村,沐浴着温暖的阳光,呼吸着新鲜空气,听小溪淙淙在原野歌唱。又有主人公历经千难万险,最终战胜邪恶、走出困境获得了一个美满的结局。崇高又有意义的主题,以及那些充满张力的追逐、惊心动魄的搏击,异趣横生的误会巧合等,都可以为欣赏者带来惊奇和刺激,从而为我们平淡的生活添彩。有些影视作品,为观众创造了一个虚幻的世界,使他们暂时忘记真实的世界,忘记个人的烦恼和现实社会的困难,以获得了心灵上的解脱与安慰,同时获得了美的享受。影片中健康悠扬动听的音乐可以陶冶人的情操,给人们带来愉悦的心灵体验;战斗之歌,可以唤起人们的自信与坚强;轻快生动的乐曲能让人感受到青春的神态,让人获得赏心怡神般的艺术美与心灵满足。而电影《大决战》《大转折》《大进军》《较量》又勾起了人们对于中国革命那一段光辉历史的敬仰之情,以及对于历史伟人的膜拜之情。这些电影成为人们萦绕心头的"红色情结",而恢宏的声势、壮观的景象、豪迈的胸襟使人获得了心理上的满足。

  电影《长征》使我们重新审视历史。重读这部彪炳千秋的革命史和精彩绝伦的华章,我们会更深刻地理解中国历史上这一伟大历史事件,以及中国共产党殚精竭虑、历尽艰辛开创新中国所走过的艰辛历程。《长征》中表现出的精神内涵绝不只是在草地上翻越雪山,它带给人的是绵绵不绝而又历久弥坚、深邃悠远的充实感和满足感。为纪念中国人民抗日战争胜利60周年,有一大批以抗战为题材的影视作品出现。今天,当我们回首抗日战争中全民族遭受的巨大灾难时,心情仍然是非常复杂的,骄傲、沉痛和悲愤相互交织。中华民族同日本侵略者的斗争艰苦卓绝,最终以中华民族取得伟大胜利结束。抗日战争胜利,是中华民族品格、耐力、智慧的反映。影片《长征》中的恢宏的气势、庄重的画面,给人以耳目一新的审美享受。再比如《生死抉择》这部电影,它成功地塑造出一批优秀共产党员的光辉形象。其内容来源于生活、贴近实际、让人觉得真实、可信;影片中的情节跌宕起伏、引人入胜。又如几十年前轰动一时的伦理电影《妈妈再爱我一次》引起了人们对于亲情的思考,并以它强大的感染力引起了观众的关注。

第三节　艺术美审美实践

一、艺术美及其审美功能

  艺术美在美的形态中有着特殊而重要的地位。艺术美拥有超出现实美的表现力,它更加直观、更有感染力,也更引人回味。这种独到的美主要来自艺术家的构思和创作,他们和普通人相比,有着更细腻的审美心理和情感体验,相当一部分艺术家还接受过专业化、系统化的培训指导,所以他们可以采用许多独到的表现手法来向人们诠释自己心目中对"美"的概念,对艺术作品的欣赏和一定的艺术创作实践,是大学美育教学的重要手段。

(一)艺术美概述

1. 艺术美的概念

不同类型的艺术作品所表露和体现的美就是艺术美的具体内涵。没有很多表现形态,艺术美就是其中之一,它来自艺术家的创造性劳动,也就是特定的精神生产活动,如果分析这种活动的实质,可以将其视为人的本质力量的定向化活动。当艺术作品借助自身的艺术形象来感性并反映人的本质力量时,艺术美就诞生了。而相比之下,现实美通常会受到一些外在条件的约束,如时间要素和空间要素等,所以它们很难获得集中概括体现现实美的特性。这是现实美与艺术美的主要差别所在:它不具备艺术美的精粹性和提炼性,尽管生活美和艺术美作为"美"的价值都应该得到认可,但文艺作品所体现的生活是理想化的,它比现实的平凡生活显露出更为强烈的情感,彰显的主观意愿的集中性,有典型示范作用。从这个角度来说,文艺作品的普遍性反而比现实生活要强。因而,艺术美在美的各种形态中占有极其重要的位置,所以历来是美学家研究的重点。集德国古典美学之大成的黑格尔,高度重视艺术美,皇皇百余万言的美学巨著,就是围绕着以艺术美为中心而展开的。

2. 艺术美的本质

事物本身稳定维持且长久不变的、能够从根本上影响其性质、形态和发展的根本属性就是其本质所在。按照这一定义,艺术美的本质可以理解为诸多对艺术美认识的本质抽象。

(1)艺术美是主观和客观的统一

艺术美来源于现实生活,艺术美是艺术家对现实生活进行再创造的产物。马克思主义美学理论认为,就艺术美与现实美的关系来说,现实美是艺术美的唯一源泉,属于社会存在的范畴,即第一性的美;艺术却属于社会意识范畴,是精神产品,属于第二性的美。艺术美不是人们头脑中固有的,或凭空产生的,而是人类对客观事物审美经验不断积累的结果,是现实美在人类头脑中客观反映的产物。它是人类对现实美的审美意识的物化形态,是艺术家对现实美的加工和创造的结果。

艺术美来源于现实生活,但并不仅仅是现实生活的机械反映或简单再现。艺术创造的途径结合了相当鲜明的艺术家个人主观判断。如果失去了艺术家基于现实的、有意识的加工、改造,那么艺术美的产生与发展也就无从谈起了。艺术美之所以有突出的主观性,往往也是艺术家在创作过程中加入充沛强烈的感情色彩而诠释出来的。

(2)艺术美是内容与形式的统一

艺术作品要想体现艺术美,就应该实现形式美和内容美的有机统一。形式和内容是所有艺术作品中都会包含的两个基本因素,前者是外在的,后者是内在的。在欣赏一件艺术作品的时候,通过感官直接体现的外在物质形式是我们首先会接触和体会的,在接受了外在的形式之后,我们就会逐渐发现被物质形式所包含和暗示的内在精神意味。不过,所有的艺术作品都来自特定的艺术创造活动,是一种物质结果,都会反映一定的形式和内容的融合。所谓优秀作品,首先要符合形式与内容紧密结合的要求,实现二者的理想化统一;而有些作品未能从形式上充分结合希望表达的内容,因此没有实现外在和内在的统一,所以这样也就不能称之为优秀的作品了。

艺术工作者在打造艺术形式时,必须借助特定的物质材料。具体来说,文字和语段等是文学艺术创作的物质材料;旋律和音色等是音乐艺术创作的物质材料;色彩和线条等是绘画艺术创作的物质材料;运动和肢体等是舞蹈艺术创作的材料。不过,这些物质材料单独存在时,是不满足真正艺术的要求的,因为它们都需要创作者遵循美的规律,经由一定的程序加以改造和二次创作,被整合在一起,形成一个具有突出表现力的整体,只有经过了这样的创造,物质材料才能呈现符合艺术创作要求的形式。以文学艺术作品为例,它是一种已经完成的艺术形态,自身拥有特定的涵盖内容与表现形式,来自作家和艺术家的创造,本质是作者对现实生活的概括与反思结果,这种结果被借助凝练的手法加以物化,最后以物质形态呈现出来,这就是所谓的"将思想中的构思外化成物质符号"。文学艺术的内容来自作者的思想,是内在构思在物质上的反映。所以,假如某些艺术构思还仅仅停留在创作者的思维中,尚未用外显的方式加以刻画,那它就不能算作真正的艺术内容。必须通过一定的作品表达出来,才能够被称作"艺术的内容"。艺术内容的美学主要来自合理巧妙的艺术构思，以及深刻地体现在作品当中。比如，中国的汉字就是内涵与构思的完美结合，它融合了形、音、意三个方面的美感，而汉语文学来自汉字创作，进一步彰显了三个方面的美感，文学的形式美同样涵盖了形美和音美两个层次，至于意美就可以视为文学的更高层次了。

艺术美是内容和形式的完美统一，就是要以相应的、贴切的艺术形式来表现各自不同的审美内容，浑然一体、相得益彰。我国的传统文艺理论就相当重视作品的自然性，认为其形式最理想的状态应是"浑然天成""清水出芙蓉，天然去雕饰"，这种创作思想的内涵是：经由刻意雕琢裁剪而改变形态的作品，其所呈现的只是创作者的技巧与经验，并不是事物的本真面貌，则这样就脱离了它最自然的韵味。艺术作品形式的最高境界应该是不留痕迹地还原事物的原始面貌，给欣赏者一种浑然天成之感。

读着茅盾先生的散文《风景谈》，我们可以强烈地感受到作者内心对延安的向往，对延安人民抗击日本侵略者、保卫祖国的赞美。作者正是运用了自己高超的剪裁布局和语言表达能力。这些形式技巧使"沙漠风光、高原晚归、延河夕阳、石洞西景、桃园即景、黎明剪影"一幅幅生动的画面跃然纸上。

（3）艺术美是真与善的统一

真，就艺术美来说，是指它所反映的真实性，包括客观和主观两个方面，即客观的真实生活和主观的真情实感。"真"是指那些具有本质意义的事实，而那些没有本质意义的事实，就不叫作真实，也就没有审美价值。艺术家必须通过描写生活现象以反映生活的本质。艺术还要以情动人，而缺乏真情实感的作品就不能打动人心，实际上也难以称其为艺术。

善，是艺术作品的美的前提。就艺术美来说，"善"是指它的内容中所显示出来的特定的社会、阶级、人群伦理道德上肯定性的品格。它实际上指的是艺术作品描绘的艺术形象所蕴含的积极的社会意义。它和人的生活目的是紧密联系在一起的，反映着人们的利益、愿望、要求，其往往具有功利性。

3. 艺术美的特点

艺术作品应该兼具现实属性和理想属性，这样才能认为是符合了"美"的完整要求，它们首先要建立在现实世界之中所存在的规律和现象的基础之上，其次也不能失去创造性和思想追求，最后需要灌注艺术家在面对生活时总结的审美志趣。当然，艺术家还应该借助准确、生动、有美感的形式来表达艺术思想。因此，艺术美的美学特性有三点：集中性、永久性和综合性。

(1) 艺术美具有集中性

艺术作品的体裁多样，分类详细，大致可分为音乐作品、绘画作品、文学作品和雕塑作品等。这些作品虽然都取材于现实，但并非等同于全盘复刻现实事物，它们的常规创作手法是：总结并突出反映某一类事物的主要特性，借此来点明描述对象的本质和社会意义。艺术美是艺术家把一些分散的美集中起来，进行艺术的概括，从而创作出来的典型形象，因而艺术美比现实美更集中、更强烈、更具有普遍意义。

艺术家能够将现实生活中的事物，无论是美的还是丑的，通过集中、概括，使之成为渗透着艺术家情感评价的艺术形象。尤其是化丑为美，它已经不同于一般的丑了，而使其具有美学意义，是把丑的内容以一种和谐优美的艺术形式展现在欣赏者的面前，使其得到审美情感上的满足。

而艺术美的集中性还突出体现在它的典型性上。艺术典型的共性、代表性，指的是它体现了事物的某些质的特征，表现了事物的某些内在联系和发展趋势。比如在恩格尔看来，巴尔扎克的作品汇集了法国社会的全部历史。之所以这样说，是因为巴尔扎克所塑造的艺术形象具有很强的代表性和概括性，不仅刻画极其生动，而且忠于生活，深刻地概括了资本主义制度的本质特征。

鲁迅塑造的阿Q这个典型，也使我们认识到封建制度对农民在物质和精神上长期的剥削和摧残，迫使他自觉或不自觉地进行反抗斗争，这种盲目斗争又必然遭到失败，因而他又只能以"精神胜利法"自我安慰。他最后被杀害，是封建制度统治的必然结果，同时反映出辛亥革命的不彻底性。鲁迅说他的人物模特儿"没有专用过一个人，往往嘴在浙江，脸在北京，衣服在山西。是一个拼凑起来的角色"，然而这些人物的个性特征又是何等的鲜明、突出，又具有非常广泛的代表性，可以说是写了这一个，道出了一大群，我们没见过这个人，可我们的生活中却有千万个这样的人，我们和作家一起对他们剖析评价，为他们伤心落泪。这时我们便不再囿于日常生活中琐碎事务的应付上了，而是超越具体时空的限制，去探索领悟生活的真谛。

(2) 艺术美具有永久性

艺术美属于社会意识形态，它的发展变化并非总是与社会同步的。社会改变了,旧有的艺术并不会立即发生变化,而是保留下来。在人类历史上,那些曾产生过重大影响的真正的艺术作品,一般是不会随着时代的变迁而丧失其美的价值的。艺术美有其自身的发展规律,在艺术作品中,人们可以窥测出前人的思想观念、审美理想、审美趣味。而艺术的形式因素具有相当大的适应性,某种艺术形式往往能被不同时代的艺术家所借鉴运用。在前人留下的艺术作品中,不仅反映出那一时代的艺术家的观念问题,还反映出他们的创造技巧问题。不论前人遗留下来的艺术作品的审美价值如何,它都以稳固的形式提供给人们以进行借鉴。

基于上述原因,艺术美一旦被创造出来之后,便具有永久性,就可能超越时空,流传久远。

(3)艺术美具有综合性

是指艺术美具有美的综合和综合的美的特性。所谓美的综合,是指艺术创造是按照美的规律和法则,在艺术家审美观念指导下对各种艺术元素的综合,把分散导向统一,把不和谐导向和谐。所谓综合的美,是指艺术中各元素在一定关系条件下共同呈现的美。这种美的综合和综合的美表现在对单象美、个体美的综合,以及对综合美自身的再综合。通过综合使艺术所呈现的综合美比其他任何形式的美都更集中、更丰富、更强烈,因而也就更高。

单象美是指个体事物中构成因素或构成事件的美,如一朵花中,花的颜色、形状或花蕊、花瓣的美是单象美,一片树叶的叶形、叶色、叶脉是单象美。而个体美是单个而完整的事物所呈现的美。一个人、一棵树、一轮明月可以是美的,一场风雨、一片云霞、一道彩虹也可以是美的。电影中的特写镜头、绘画或雕像中的细部造型、文学作品中的细节描写,都是艺术对单象美的综合表现。另外,艺术美又以塑造性格鲜明的具体艺术形象为前提而进行综合,使作为个体形式的艺术形象更加有生机,甚至会吸收一些不影响个体美的某些不美的甚至丑的单象,使作为艺术形象的个体更为丰富、复杂,内涵量更大。

(二)艺术美的审美功能

艺术美具有独特的审美功能。它具有审美娱乐、审美认识和审美教育的功能。

1.审美娱乐功能

审美娱乐功能是指通过艺术活动能够使人获得视听感官的某种快感和感

觉上的美感,给人以精神上的满足和愉悦。人们去剧院看戏,去电影院看电影,去展览馆参观绘画、书法、摄影展览,以及听音乐、阅读文学作品,都是为了获得一种审美享受。人们在欣赏艺术作品时,内心会受到艺术形象、艺术语言的感召,从而产生情感波动,便不自觉地调动自己的想象力,用自己的观点和经验去解读作品。总之,艺术欣赏会充分唤起人们的种种心理活动能力,甚至完全吸引人的注意力,使其达到一个物我两忘、沉浸其中的欣赏境界,从中收获丰富细腻的心理体验:可能是从诙谐生动的作品中收获欢乐,也可能是随着深沉悲哀的作品而沉浸伤感,还有可能因现实沉重的作品而感到愤怒,或受到宏大悲悯的作品的震撼与触动……总而言之,这些情感体验都可以认为是精神上的满足与享受,而审美享受就是从这类体验中诞生的。

欣赏齐白石画的虾,看那生动传神、妙趣横生的姿态,犹如在清澈的水中浮游一样,内心能产生清静、自由、舒心之感;观赏徐悲鸿画的奔马,看那活泼多姿、优美自然、充满旺盛的生命力的神态,内心能产生奔腾、令人兴奋的鼓舞力量。可见,内心愉悦感往往是与陶冶人的情操连在一起的。

2. 审美认识功能

艺术家在选择材料、提炼材料、组织材料进行艺术创作的时候,同样不可避免地把自己的思想、情感、趣味体现在了作品里。换言之,艺术作品在包容客观真理性的同时,也容纳了艺术家主观的真实,因此欣赏一件艺术作品,除可以感知客观的东西外,欣赏者也必然将接触、深入艺术家的主观世界,参与创作者的精神活动,并在主体与客体的情感交叉活动中,引起彼此精神上的共鸣。因此,艺术作品能使人们认识自然、认识社会,也能认识艺术家、周围的人及我们自己。

人们在欣赏艺术的体验中接受不同形态的美的熏陶,这样一来,其自身的艺术趣味和艺术鉴赏能力、理解能力都会得到提高与加深。艺术作品自身必然承载着艺术家的感情,这样才能唤起观赏者的感情(或者叫共鸣)。创造主体在指代和暗喻自己感情的同时,也一直在试图引发欣赏者产生同样的感受和认知。之所以说艺术欣赏者能够通过艺术表达来接受感情上的洗礼与塑造,正是因为艺术美引发了他们心中的美好感情,并且通过启发的形式为其审美经验、审美能力和审美思想注入了新的内容。此外,还应该认识到,塑造美、表现美就是艺术的最终追求。艺术家所希望的不仅是艺术内容的本质美感,也是表达形式与承载内容完美契合所体现的和谐美与巧妙之感。总而言之,艺术鉴赏体验是提高一个人艺术解读能力的主要途径。而因为生活的真实孕育了理想化的艺术美,所以人们不仅可以通过艺术作品来感知艺术美,还能对现实美有更为深刻的理解与感触,在这样的前提下,人们会自发地发掘和寻求身边生活中更多美的形式、美的表达。

很多古代文物都具有非同寻常的艺术价值与美学价值,古希腊娓娓道来的戏剧与古罗马巧夺天工的雕塑都让人惊叹于古人精湛的构思;秦始皇陵内气势恢宏的兵马俑诉说着封建王朝的野心勃勃与波澜壮阔;诸如汉乐府诗、魏晋志怪文学、唐诗、宋词、元曲、明清世情小说等文学作品,都十分详细且直观地反映了我国古代各个历史时期、不同朝代的社会面貌,我们不仅可以从中探究古人的生活面貌、作息特征、风俗习惯、人情世故,也可以通过解读文学作品的创作环境来探查当时社会的经济状况、政治政策、文化习俗、宗教信仰、军事实例、民族融合等。所以,马克思说,希腊艺术是"一种规范和高不可及的模板",是因为它使人们看到了"历史上的人类童年时代";恩格斯评价巴尔扎克的《人间喜剧》时说:"他在《人间喜剧》里给我们提供了一部法国社会,特别是巴黎上流社会的卓越的现实主义历史……他汇集了法国社会的全部历史,我从这里,甚至在任何细节方面(如革命以后动产和不动产的重新分配)所学到的东西,也要比从当时所有职业的历史学家、经济学家和统计学家那里学到的全部东西还要多。"

3. 审美教育功能

艺术作品是人类审美意识的物化形式。它不仅能使人赏心悦目,满足审美需求,还可以产生教化作用,陶冶欣赏者的情操,丰富欣赏者的见识,提升欣赏者的品位,由此构建一种更加积极且深刻的价值观念,塑造全面成长的健康个性,启迪和引导人们按照美的规律来塑造自己,进而改造世界。这就是艺术的审美教育功能。

艺术教育在我国的起源相当之早,春秋时期的伟大思想家和教育家孔子已经非常直接地提出了艺术熏陶对个人成长的重要性,将"诗""乐"纳入必须掌握的"六艺"之中。在孔子的思想中,"礼"发挥着支撑社会秩序、约束政治制度和群众伦理观念的重大作用,而"乐"作为一种艺术审美教育,完全应当与"礼"占有同等地位,甚至被专门安排在"六艺"——礼、乐、射、御、书、数之首。他认为,礼可以安邦治民,乐可以移风易俗。要治理好一个国家,礼、乐是相辅相成、不可缺少的。他非常重视艺术教育的作用,"《诗》可以兴,可以观,可以群,可以怨。迩之事父,远之事君,多识于鸟兽草木之名。"(《论语·阳货》)而其后的荀子则更进一步在《乐论》中指出:"夫声乐之入人也深,其化人也速"。

艺术之所以能产生教育作用,是因为艺术的本质在于审美。一件艺术作品就是一个审美对象。艺术家的作品并不是单纯描述现实,而是更融入了本人的反思和见解,某种程度上是在评判现实生活,并向观众展现艺术家自身的某种诉求或呼吁,传递自己的人生观、价值观、生活经验与体会等。因此,人们在欣赏艺术作品获得美感享受的同时,还学到了知识,受到了教育,陶冶了情操,培养了想象力和创造力,使个性得到全面和谐的发展。

而艺术美的教育功能最独特之处,在于它不是通过伦理的、理性的、教诲式的方式给人以直接的教育,或者说它不带有一般教育的强制性,而是使人在不知不觉中受到教育,它是以潜移默化的形式来实现的。"随风潜入夜,润物细无声"是艺术审美教育功能的形象体现。

在此基础上,艺术美在推动社会生活前进方面,具有特殊的价值。人欣赏到艺术作品的美,心灵被作品的内涵和构思所打动,理想也会随之留下作品的烙印,以激励人在现实生活中不断追求美好的事物和高远的目标,最终实现促进社会生活面貌焕然一新的深刻目的。

二、艺术美的欣赏

艺术美的欣赏,有自己所固有的性质、特点和规律,只有认清楚对艺术美进行欣赏的一些基本问题,才能提高人们的审美水平和对艺术美的鉴赏能力,才能有效地指导人们进行审美实践活动。欣赏活动主要包括文学、美术、音乐、影视等的欣赏。

(一)艺术美欣赏的性质及特点

1. 艺术美欣赏的性质

艺术作品虽然相对于客观现实生活是第二性的东西,但是作为一种客观存在,对欣赏者的主观意识来说,它又是第一性的东西。艺术欣赏作为对艺术作品美的内容和形式的反映,本质上来说,是一种审美活动。这种物态化的艺术形象是成型的、确定的、单一的。艺术欣赏的审美活动,以艺术形象为对象,将这种物态化了的艺术形象观念化。

这种呈现在欣赏者头脑中的形象则是不成型的、非固定的,因而也是多样化的。《红楼梦》作为对现实生活审美活动的结晶，只提供了一个林黛玉形象，但在成千上万欣赏者的头脑中则有成千上万个林黛玉的形象。

艺术美欣赏的根本标志是有无审美评价和审美享受。在欣赏艺术美的过程中，无论是否处于主动或自愿，人们通常都会依据个人的审美趣味、审美希冀、审美观念，从作品中收获某种实际的感受，这种感受（或者说体验）主要来自艺术形象，基于观赏感受，人们会逐渐进入联想和想象的阶段，想象又会衍生出更多复杂而细腻的情感反应，对作品产生共鸣之后，人们就会针对作品给出某种审美评价，最终收获精神上的充实和喜悦，即审美享受。那么，前面提到的"实际的感受"是怎样获得的呢？别林斯基认为："对于我们来说，没有知识就没有欣赏。如果有人说，某一作品使他感到欢欣鼓舞，但认识不清楚这种情感到底是什么，追究不出这种情感之所由来，那么这种人就是自欺欺人。为一部不能理解的艺术作品而引起的喜悦，是一种令人痛苦的喜悦。"

艺术美欣赏具有直觉性。艺术作品是通过具体可感、鲜明生动的艺术形象来感染人、打动人的。当我们看到一幅画、听到一首乐曲、观赏一出戏剧时，内心会立刻产生一种特殊的情绪、情感，或感到十分优美，或感到极其平庸，甚至会感到丑陋险恶。需要指出的是，这种直觉性不同于那种先天性遗传因素所决定的生理机能，而是融入感性经验和理性认识为一体的一种高级阶段的心理机能。

艺术美欣赏还具有再创造性。从一定意义上说，艺术家创作的艺术作品并不是单方面提供的，而是欣赏者本人参与创造的。艺术作品中留有的许多空间要由欣赏者自己去填补。比如文学和诗歌，因为它们是用语言来塑造艺术形象的，而不能用确定的形体或声音直接作用于人的感官，是必须凭借欣赏者丰富的想象——再创造才能在头脑中形成栩栩如生的感人的形象。戏剧舞台、中国绘画的许多"空白"，电影、电视剧的悬念，都需要观众用自己的经验、想象去展现、补充。欣赏者在欣赏艺术作品时，对艺术家在作品中留下的"空白"予以理解，然后在脑海里形成形象，从而使艺术作品的意蕴更为丰富，这就是艺术欣赏的再创造过程。比较典型的是《哈姆雷特》，这部融合谋杀、暴力、复仇、情欲、疯癫与欲望的莎翁名剧，一直被全世界推崇。"一千个读者眼中就会有一千个哈姆雷特"已经成为一句习惯用语，也就是说，每个立场不同的人可以在这本书里看出完全不同的意境。

再比如,在观赏阿尔塔米拉岩洞中的壁画时,我们会尤其注意"受伤的野牛"这一部分,壁画用鲜明的色彩和简洁的线条勾勒出一头受伤的野牛拼死挣扎的画面,虽然是再简单不过的构图,但生动地勾勒了动物顽强求生的状态与宁死不屈的野性,由此又令人联想到远古人类狩猎求生时惊心动魄的场面、观察自然万物时细腻的眼光,认识到原始粗糙的艺术亦有惊人之处。在观赏大佛寺著名的倒坐观音像时,我们会对其气势恢宏的规模感到震撼,会为其端庄秀美的姿态而折服其中,会对其奇绝而历经千年不倒的雕塑形态惊讶万分,进而赞叹古代雕塑家的精湛手法与巧妙构思。雕塑自身的艺术特征兼有庄严与婉约两种美感,本身已经给人以奇妙的欣赏体验,让人不自觉为其姿态着迷,从而细察其雕塑工艺和造型寓意,我们又会对古人巧夺天工的技艺赞叹不绝,对我国自古传承的匠人文化发自内心感到自豪,从雕塑艺术之美中接受人文精神和历史渊源的洗礼。

2. 艺术美欣赏的特点

(1) 艺术美欣赏的突出特点是它的娱乐性

看电影、看小说、看画、听音乐,在一般情况下,不是去寻求什么教育,而是去寻求美感享受的。这美感享受又是以愉悦为主要特征。在繁重的工作之余,听上一段《意大利小夜曲》,轻松舒快,疲劳顿消,或观赏、品味王羲之父子的书法,只感到秀气扑人,精神大振。如果有一段较宽裕的时间,读几篇泰戈尔的抒情小诗,或屠格涅夫、普希金的小说,登八达岭看万里长城,那更是令人感到韵味无穷、逸兴飞扬的。"采菊东篱下,悠然见南山"让人感到的是名利俱弃、宠辱皆忘、俗务尽脱、尘外飘然的自由。"大漠孤烟直,长河落日圆""星垂平野阔,月涌大江流"又是何等的壮美!当然,艺术美欣赏的娱乐性是伴随艺术作品的认识作用、思想教育作用、审美作用的。真、善、美三者统一于美。因此,在美的欣赏中自然而然地受到真的教诲、善的熏陶。只不过,这种教诲、熏陶是这样的巧妙,恰如杜甫诗句所描写的:"随风潜入夜,润物细无声。"

(2) 艺术美欣赏作为一种审美的活动,具有强烈的情感性

我们都有这样的体验,当欣赏文艺作品时,如果对其形式十分熟悉,或作品的感染力十分强烈,就会完全投入其中,用整个心灵去体会作品所刻画的深奥意境,随之产生高昂的情绪。以一些比较经典的合唱歌曲为例,在表演的全程中,听众感受到的是综合了精心安排的节奏与旋律的、许多不同乐句连在一起

形成的乐音的倾诉。在深入感受歌曲时,听众的审美体验会逐渐发生变化,再听到的已经不是单纯地刺激着人们耳膜的节奏、旋律了,而是开始抒发作者倾注于其中的激昂情感,像真实的文字一样述说着荡气回肠的话语,听众的心绪也会被这种恢宏的气势裹挟,成为作曲家和演唱者艺术表达的一部分,伴随歌声迈入一个宏大壮阔的境界。在经典的合唱作品中,听众感受到的也许是艺术家在民族存亡之际发出的不屈怒吼,也许是面临着新的时代篇章由心而发的赞叹与信念,壮怀激烈的情感无论在哪个时代,永远都能唤起最多的共鸣。

再比如说,欣赏传统琵琶曲《春江花月夜》,刚一听到细腻清脆、流畅起伏的琵琶琴音,听众就会进入一种幽雅婉转的艺术境界,感到心旷神怡,如同伴随乐曲声步入春季温暖而安宁的静谧之夜,乘小舟摇曳江上,眺望明月浮现于东山。在乐曲旋律的不断推进中,乐音和曲调出现了更多精巧的变化,听众仿佛搭乘小舟一路飘摇,随江流行经两岸的青山花影、重峦叠翠,倾听月光中的风吟虫鸣,优美的琴音与雅致的意象共同洗涤着听众的心灵,疲惫、忧伤、愤懑等阴暗的情感都仿佛不复存在,取而代之的是归于宁静的满足。乐曲平息时,听众依然久久流连在淡漠高雅的艺术形象中,难以忘怀。

(二)艺术美欣赏的作用

1. 艺术美欣赏是艺术作品实现社会审美教育的唯一途径

艺术家精心创作出各种各样的艺术作品,其目的是通过艺术形象把自己的思想观念和情感传达给人们,从而使作品产生一定的社会审美效应。只有通过艺术欣赏,才能使艺术家和接受者的思想感情进行沟通,才能使艺术形象的审美价值得到实现,并对接受者产生精神上的感染和净化。各种艺术作品,只有接受了群众的鉴赏与认可,才能够被视为真正的艺术作品,并且证实自身的现实意义和审美价值,它的各种社会作用、社会价值才能够由潜在成为现实。

艺术形象里倾注着作者的感情,渗透着作者的爱憎态度,包含着作者的美学评价。当欣赏者在欣赏艺术作品中的艺术形象时,通过自己的再创造全面理解了艺术家的感情、态度和审美评价,在获得审美愉悦的同时,并提高了认识,接受了教育,艺术作品也就随之产生了社会审美效应。

2. 艺术美欣赏制约和推动着艺术创作

艺术创作和艺术欣赏,如同生产和消费的关系,二者互为条件、相互制约。一方面,艺术欣赏要以艺术创作为前提;另一方面,艺术创作也要在艺术欣赏中得到反馈,从人们的欣赏需求中汲取营养,得到启示、鼓舞,受到影响,获得动力。可以说,艺术欣赏活动的普及和深入,社会欣赏水平的提高,对繁荣艺术创作、发展艺术事业,能产生强大的推动力量。

3. 艺术美的欣赏能培养、提高人们的欣赏能力

没有艺术欣赏的实践,人们的欣赏能力只能停留在较低水平上。在现实中,由于人们的社会地位、生活经历、文化程度、艺术素养等方面的差异,使人们的欣赏能力也有所不同。他们在艺术欣赏中的感受、体验、鉴定、评价等会有明显的差异。可以说,一个人对艺术作品的审美体验和审美判断,都是直接被欣赏能力的程度左右的,具备审美能力越优秀,就越能从一部艺术作品中发现深刻的、耐人寻味的美,同时这件艺术作品所承载的社会意义也越重大。

艺术之所以能引起人们特定的感情,首先是因为其自身就承载和表露着创作者的感情。而欣赏者的美好情感被艺术作品唤起的过程也是其心灵接受陶冶与感化的过程,随着心灵的成长,个体的阅历和情感认知更加充实,审美能力也就从中得到了提升。人们要想提升自己发现艺术美的能力,获得更优秀的欣赏能力,就必须经常主动欣赏艺术作品,自愿接受美学的熏陶。无论是什么样的艺术形式,其最终追求的都是美。艺术作品的内容与内涵本身是一种美,表达形式和思想情感的结合程度、搭配组合同样是一种美。人们在艺术鉴赏这一体验中收获了美的感受,加深并充实了自己的艺术趣味,同时见识了更多艺术形式与表达方式,对广义上的艺术有了更好的理解,艺术欣赏水平能力自然也随之提升了。此外,现实生活作为艺术美的起源,其特征和规律也隐含在艺术表达之中,所以艺术欣赏并不只是一个提高艺术美认识能力的过程,它同样可以让欣赏者对现实美产生了更加深刻的认识,激励着更多人在生活中发现美、欣赏美和创造美,进而让美学渗透到生活的每一个层面。

不同种类的艺术品创造了不同的艺术感受、不同的审美能力和趣味。随着艺术的不断发展,人们的这种审美能力和趣味将会日益提高。也就是说,欣赏主体对艺术作品的欣赏过程,实际上是一个不断积累欣赏和理解艺术作品经验的过程,当这种经验成为一种稳定的艺术审美心理结构的时候,便产生了一定的审美趣味和审美能力。

(三)艺术美欣赏的过程

具体说来,艺术美欣赏过程分为四个阶段:准备—感受—理解—评价。

1. 审美准备阶段

一个人在尝试接触和欣赏艺术美时,首先要进入一种更适合凝神和沉思的状态,而不能仍处在日常意识的阶段,这是营造审美心境的必要一步。这种心境,既可以说是对艺术美欣赏活动的期待,也可以说是一种心理准备。人们无论是进电影院或剧场去看电影、看戏,还是到音乐厅、美术馆去听音乐、看画展,或是到什么地方去咏诗、看小说,在具体接触艺术对象和实际进入艺术情境之前,心理上就会自觉或不自觉地中断日常生活中那种强烈的功利意识,排除与审美无关的其他杂念,静心以待,集中其审美注意,全身心去接受即将进入欣赏活动的欣赏对象,以获得审美的满足。因而,艺术美欣赏的准备阶段,也就是自然地暂时超越现实环境和现实自我而将功利态度转变为审美态度,将与现实的功利关系转变为审美关系的阶段。

在审美准备阶段,欣赏者会根据自己已有的艺术知识,对即将接受的艺术作品的背景材料的了解程度,对其各个方面,如内容、形式、风格进行猜测。一般而言,欣赏者的审美经验越丰富,艺术知识水平就越高,那么他对即将欣赏到的艺术作品的期待程度也就会越高。

2. 审美感受阶段

艺术形象是艺术欣赏的直接对象,欣赏者在接触某种形象时,首先会产生一种直观的感受,而艺术欣赏就是从这里开始的。一般来说,艺术作品的美并非理性而抽象的,而是以相对具体的形式呈现,引发人的感性触动。欣赏者通过一系列联想和共鸣勾勒出艺术作品的形象,用个人的生活体验和思维习惯来解读艺术作品。

具体来说,如果人们看到了一幅色彩鲜艳、构图大胆的图画,心情也会不自觉地变得激动;如果听到了一首委婉平和的乐曲,同样会随着旋律感到宁静而安定,这些心理活动都意味着常规性的心理意识的结束。如果欣赏者认为艺术作品的水平足够优秀,能从中获取共鸣,那么心情也会因艺术欣赏而变得更加愉悦。审美感受融合了一个人的情感体验与意识反思,所以不能等同于纯粹的生理现象,人都要经过特定的生活体验、智力教育、情感经历,才会具备基本的审美素质,所以审美心理其实兼有感性和理性的因素在内。如果一个人天生就具有比常人更细腻的情感,或者专门接受了系统的审美教育,那么对艺术作品的感觉就会较一般人更敏锐,也更深刻。

欣赏者可以通过艺术欣赏中的具体感受来抵达特殊的艺术境界,然后身临其境地领会艺术家的创作用意。如果艺术家的手法足够高超,创作情感足够真挚,那么完全可以让欣赏者沉浸在艺术形象之中,体验与艺术形象同步的感受。以徐悲鸿的名作《愚公移山》为例,人们在鉴赏画作时,必然先注意到作为画面主体的一群青年男性。这些男性无一不是体形魁梧、孔武有力,有人手持镐耙开凿山土,有人肩扛扁担搬运碎石,姿态坚定有力。众男子神态身姿各异,或气定神闲,或昂首呐喊,或佝偻伏地,或倾腰挺腹,这些动作都给人以强烈的蓄势待发之意,气势磅礴、感情热烈。人物在画面中的分布大致呈弧形,占据了大部分空间,给人以突出的视觉冲击和仿佛要冲破画面的感受。在画面的另一侧,描绘着愚公与邻人"孀妻"对话的场面,愚公身边的两个儿童,一个在吃饭(成长),一个在运土(劳动),这一场景不同于描绘壮汉们热火朝天的劳作画面,它则显得和谐安宁,给整幅作品带来了动静相宜、耐人寻趣的意味,同时暗示着长辈向晚辈传递人生经验、寄托未来事业的举动,体现出对未来的无限憧憬与热切向往。在面对这样一幅画作时,观赏者的情感也会随着画面的内容而变化,看到画家描绘的移山的壮士与茁壮成长的儿童,会自然而然地受到作品恢宏气势的感召,为艺术创作的非凡力度所折服,进而理解画家以"愚公移山"的主题暗示艰苦奋战、夺取抗战最后胜利的用心,并从中领略古老的、生生不息的中华民族的决心与毅力。

3. 审美理解阶段

审美活动中的理解是对眼前的美的形象,经过感觉、知觉辅以联想、想象,去补充和丰富艺术作品中的内容和形象,达到深刻理解艺术作品内容的目的。所以,从本质上说,审美理解是欣赏者对艺术作品从形式到内容的把握。

我们在欣赏某一美的对象时,通过审美对象的艺术形式来获得的感性认识,可能会立即感受到它的美,产生感官的舒适感受。但要更深刻地认识美、感受美,从而产生感情的愉悦和感动,就需要有深入的理性认识活动,需要发挥理性的作用。因为,在艺术欣赏中,作为审美对象的艺术形象往往是复杂的,不是凭感性印象一下子就能认识,而往往是要通过反复思考、仔细琢磨才能全面地、深入地认识它,并且只有经过理性思考之后才能引起深刻的强烈的美感。

我国第一部白话小说《狂人日记》,描写的是一位患迫害狂症患者的心理活动,把对社会生活的清醒描写和对狂人内心感受的刻画糅合在一起,以揭露封建"家族制度和礼教的弊害",指出中国封建社会的历史是人吃人的历史,蕴含的内容是十分深刻的。如果我们读这篇小说,不联系社会现实进行深入的理解,那么只能停留在低水平上。同样,在欣赏绘画、音乐、小说、戏剧、电影等艺术作品时,也需要由此及彼、由表及里的理性思考,才能对艺术作品有较为深入的解读。观赏过罗中立的油画《父亲》的人,无不为之深深感动。画面中的农民虽人在中年,但显得格外苍老:眼窝深陷,沟壑满布的皮肤黝黑黯淡,诚挚淳朴的眼神中仿佛有着难言的羞涩,嘴唇在风吹日晒下早已褶皱皴裂,门牙也早已脱落,一眼便知这个角色饱尝了人世间的酸甜苦辣。但是,"父亲"的形象又显得格外高大,让观赏者在油然而生某种敬意的同时,又被心理上的沉重感所覆盖。作品的光色运用十分细腻,每一个面部细节都刻画到位,亦能让观赏者感觉这不是一幅画,而是一个真正的人,能闻到泥土与汗水的气息、听到干裂的嘴唇中乡音浓重的、质朴的话语。观赏者必然对这位"父亲"产生深切的同情与敬重,从饱经沧桑的面孔中体会他一生的艰辛与波折,解读他一生的无私奉献。画家最初将作品命名为《我的父亲》,后改为《父亲》,正是明指这幅画描绘的不仅仅是他的父亲,更是所有为子女和家庭辛劳一生的父亲;所传达的不仅是一家的悲欢,也是对全天下的劳苦大众的关怀。联想到祖国的昨天、今天和明天,使人产生一种崇高的社会责任感。

4. 审美评价阶段

艺术欣赏是一种形象的再创造,是伴随情感活动的形象思维,是感性和理性活动奇妙、和谐的统一。所以,要想深刻领略艺术之美,就必须在具体感受的基础上进一步理解,从理性高度把握艺术美的内涵,透过渗透着情感的艺术形象,品思蕴含其中的深刻内容和社会意义,并在此基础上对艺术作品做出理性的评价。

审美评价包含两个方面的内容。一是对艺术作品所描写的生活进行再评价。欣赏者在欣赏活动中,总是要结合自己的思想感情对艺术家在作品中所评价的事物进行一次再评价。二是对艺术作品优劣的评价。欣赏者在欣赏一部艺术作品之后,总是会按照一定的立场、观点、方法和价值取向,根据自己的审美趣味、审美理想对艺术作品的优劣进行分析、评价和判断,这种评价既可以针对艺术作品的内容,也可以针对艺术作品的形式。

毕加索的《格尔尼卡》是画家最著名的作品之一,然而由于其隐晦且标的新风格,很多人(特别是对美术方面的专业知识没有了解的人)在观赏时会不知所以,会不明白这样一幅人物"扭曲"、画面"凌乱"的作品到底在反映什么,更不知道它为什么是传世名作。

稍有了解的人应该知道,《格尔尼卡》是典型的反战作品,是作者控诉第二次世界大战中纳粹的暴行的作品。"格尔尼卡"是西班牙巴斯克地区的一个重镇。在1937年4月26日,这个重镇遭受了纳粹德国空军惨无人道的无差别轰炸,袭击长达3个多小时,有超过1600人遇难,受伤者接近900人,城镇在炮火下沦为一片废墟。不过,画作中的内容是怎样和这些元素联系起来的呢?

首先,即使没有接触过立体主义、超现实主义之类的美术理论,人们也可以很直观地感受到画作中扭曲和压抑的气氛:整幅画只有黑白灰三色,所有的形象都经过了夸张的变形,大都神色凄楚(从画面中间嘶叫的马和仰天恸哭的妇女尤其可以看出),整幅画的构图和要素乍一看杂乱无章。但是这些特征其实正暗示纳粹压迫下暗无天日的生活、承受战火蹂躏的悲哀、混乱的社会秩序、遭受空袭后化为废墟的城市、悲痛的人心和扭曲的道德。

其次,如果结合欧洲文化元素和专业的绘画理论,我们可以从画作中解读出更加深刻的寓意:关于为何许多人认为画面中的牛象征施暴的法西斯军队,一方面是因为它的表情冷淡无情,另一方面是考虑到西班牙经典的斗牛仪式,牛在祭典中象征着应被消灭的邪恶势力(也许画家还暗示无论纳粹如何猖獗,最后还是会像牛一样死在"斗牛士"的剑下——屈服在反法西斯势力的英勇抗争之下);画面上方的"眼睛"也是一个负面的形象,因为如果观察画面中的光源和高光点,就会发现虽然眼睛中有灯泡这个意象,但它的光仅仅照亮了它自己,它更像是一只冷漠的"夜之眼",仅仅对地上的一切冷眼旁观,也可能是象征映射着炮火的、无能为力的群众的眼睛;相比之下,真正照亮画面主体的是那个伸长手臂、举着蜡烛的女人,这一光源是有选择的,它在黑暗的背景下把画中的主要人物突出到最显著的位置,营造了一种"切割粘贴"的效果,女人伸长手臂举着蜡烛(灯火),这一造型又对应了自由女神的形象;画面左侧抱着死去的幼子悲痛欲绝的妇女,不得不让人联想到欧洲古典艺术中最具代表性的"哀悼基督的圣母";画面右侧伸开双臂仰天高呼的人,很像戈雅画作中出现的英勇就义的爱国者。

结合"手持灯火的人""悼子之母""张臂望天者"这三个意象,有一定欧洲美术常识的人也许就能想到鲁本斯的《战争的后果》，这幅油画的主体就包含了这样的三个形象。而且《格尔尼卡》与此画在构图上颇有相似之处。鲁本斯正是毕加索最欣赏的艺术家之一。

《格尔尼卡》的画面空间呈长条形，虽然画面中的各个形象因动感性强的排列而看起来杂乱无章，但它们的分布无一不是经过了严谨的构思和推敲，遵循的是严整统一的秩序，其组构形式保留了古典绘画的韵味。在画面正中央，不同的亮色图像彼此交叉，形成一个等腰三角形；三角形的中轴，恰好将整幅长条形画面均分为两个正方形，而画面左右两端的图像又保持了一种微妙的平衡。可以说，这种所谓金字塔式的构图，对达·芬奇《最后的晚餐》的构图，正有一种致敬的意味。

画家并未在《格尔尼卡》这幅作品中直接描绘法西斯军队的形象，甚至没有刻画任何现代化的武器和具有代表性的政党标志，然而作品却真切地给人以压迫和悲哀之感，倾诉了民众的苦痛和怒火，控诉了纳粹在侵略战争中的暴行，同时在作品中保留了怀有希望的元素和抗争的诉求，激励更多正义之士勇敢地投身反法西斯战争。这些都是该作品的耐人寻味和高明深刻之处。

综上所述，只要了解了作品的创作背景、绘画技巧、文化意象等，欣赏者就会自发理解和欣赏《格尔尼卡》作为艺术创作的价值，从中见证现代主义艺术如何在开创崭新的表现手法的同时依然继承古典艺术的精髓与美学，在人类艺术史上承担继往开来的非凡意义，也可以通过解读画作的精妙构思来感受画家在创作时的良苦用心和崇高的人文情怀。凡是伟大的艺术作品，都应该包含充实的艺术形象和真挚的情感，经得起反复品味与解读，鉴赏人群也应该给予足够的尊重和高昂的热情，兼顾感性体验与理性思维的能力，对艺术作品反复再认识、再评价。

（四）提高艺术美欣赏能力的途径

艺术作品的美是作品形式美和内容美的高度统一。

在形式美方面，不管是作品所反映的现实社会生活，还是艺术家希望反映的个人思想感情，都需要借助形象真实且切实可感的艺术形象，才能在作品成型之后让欣赏者明白无误地感受并解读，所以欣赏者必须首先熟悉艺术作品的表达及美学特征，才能在此基础之上体验艺术作品的内容及美感。通常来说，艺术作品的形式美都是借助线、面、体、色彩等因素来塑造完整的艺术形象的，不过,我们不能独立地看待这些艺术因素,因为它们彼此之间存在着许多紧密而微妙的联系,需要遵循美的规律组合在一起,才能塑造出美的艺术形象,让人从中获得愉悦的体验。

至于艺术作品的内容美,主要包含两个方面:艺术作品所创造的艺术形象具有的美的社会内容,以及其所描绘或暗示出的艺术家的正确认识和正面情感等。

1. 要树立高尚的审美理想与审美趣味

理想性是艺术美的重要特征。在艺术欣赏中,欣赏者树立什么样的审美理想与审美目标,就成了艺术美欣赏的关键。所谓理想,就是主体在认识客观对象规律性的基础上,对客观事物的发展及未来的一种假设与愿望。而审美理想则是主体对具体可感的、至善至美的一种美的境界的追求、规范和愿望,它是以现实生活为基础的,但又是对现实的一种想象性、意愿性的改造。它是审美的明灯,照亮了艺术美的欣赏。欣赏者要想判别美丑与是非,就要树立高尚的审美理想,培养健康的审美趣味。

2. 要努力培养感受艺术美的观察能力

艺术拥有相当多样的审美教育功能,至于功能的具体发挥效果,则受到欣赏者个人的经历、喜好、思维习惯、艺术观念等许多因素的影响。如果欣赏者本人的艺术体会不敏感,专业知识也不充足,那么就很难感受艺术作品的美学价值,更不用说给予合理的解读与评价了,这样一来,审美教育的功能也会很难达成。

我们以一则艺术史趣闻来说明这个道理。据说曾经有一个著名的医生前去欣赏拉斐尔的名画《西斯廷圣母》,观毕之后给出这样的评价:画中婴儿的瞳孔有不自然的放大,或说明潜在的肠虫病风险,需开出药方加以治疗。医生甚至观看一幅画作都可发现其中人物的身体疾病,也许这可以反映其专业素养之优秀和专业品质之到位,但也表明他缺乏欣赏艺术的眼光,并没有享受到艺术的情趣。这则故事启示我们,假如仅仅采用绝对理性的观点和审视的态度来对待艺术创作,失去了审美的眼光,就意味着我们已经脱离了应有的审美愉悦,随之对艺术鉴赏的理解出现了偏颇。

虽然该故事看起来有些荒谬,但实际上,现实中的很多人在欣赏艺术时也会陷入本质类似的谬误。人们对待一件作品,很容易想到"这种东西到底有什么用?""为什么画得不像真的?"之类的问题,但如果一直纠缠于这些思考,就失去了体验美的乐趣。艺术作品首先是一个鉴赏的对象,而非实用的物品——或者说,"审美"就是其最大的实用价值;艺术不能等于科学,它的源头是艺术家的自由想象,而非科学家严格遵循现实得出的定理和法则。观赏者也应该在面对艺术作品时暂时放下世俗的追求,让思想达到一个更加理想化的境界,心无旁鹜地欣赏艺术中最纯粹的表达。

3. 要加强知识积累,提高艺术文化修养

人们对现实中的审美有许多种把握形式,其中最高的形式就是艺术,艺术能够对人产生特殊的影响作用,这是一个相当漫长而复杂的过程,融合了各种综合性的心理成分。

艺术鉴赏能力大致包括艺术形象的体验力,以及艺术想象力、理解力和判断力等。要想成为一个理想的艺术欣赏者,应该首先致力提升自身的艺术修养,培养充实的审美能力,重视自身的知识积累,这样一来,就可以说艺术对象促生了乐于欣赏艺术、善于发现美的大众。

艺术鉴赏水平的决定性因素有两个,即艺术修养和艺术鉴赏能力。在现实中,如果是有些绘画功底的人,一般也会在欣赏美术作品时发现比其他人更多的细节,并更准确地评价作品的优秀之处与不足;如果是懂得基本乐理知识,甚至自己也能演奏乐器或献唱的人,也能更好地鉴赏不同种类、不同风格的音乐。在欣赏一些比较抽象或前卫的艺术时,应首先了解创作者的构思背景、归属流派、作品的起源和艺术观点、艺术语言等,否则可能会一头雾水,而不能理解作品的创作用意和巧妙之处。

4. 要努力培养艺术欣赏的再创造能力

理想的艺术鉴赏者并不是被动接受和分析艺术作品,也不等同于完全理性的、消极的反应。它自身也是一种再创造的过程,而且应该符合能动性、积极性要求。在鉴赏过程中,欣赏者自身应该遵循主体性原则,以通过艺术鉴赏活动来满足自身的审美需求,完成精神消费的程序,这样,其最终对艺术作品的认识才是足够完整且相对深刻的。艺术鉴赏是悦目愉耳、娱心怡神的精神消费,在艺术消费中,艺术作品是"作为心灵的认识方面的对象"而自由、独立存在的。

第五章

现代高校美育的数字化创新

第一节 教育数字化创新的战略意义

在人类文明的发展历程中,每一次技术革命均有效地促进了社会生产力的发展,给人类的生产、生活带来巨大而深刻的影响。进入 21 世纪,人类社会正在从工业时代进入数字时代,随着人工智能、大数据、5G、云计算、物联网、区块链等新兴技术的发展,数字化成为未来可持续发展的重要力量。社会数字化转型是技术进步和生产力发展的必然,也是新生产关系和人类命运共同体建构的基础。社会发展中教育的基础性、先导性、全局性作用,更加赋予了教育数字化转型战略意义。当前,贯彻国家关于数字中国、教育强国战略部署,聚焦"更新教育理念,变革教育模式",推进高等教育数字化转型是实现高等教育可持续和高质量发展的有效途径与必然选择。作为大学通识教育的重要组成部分,大学美育的数字化转型也势在必行。可以预见的是,大学美育数字化转型必将带来美育思想观念的革命性改变,推动美育范式优化与变迁。

(一)教育数字化转型的本质特征

经过教育信息化 1.0 和 2.0 建设,我国数字技术嵌入教育经历了起步、应用、融合、创新四个阶段,目前正处于融合与创新并存的时期。黄荣怀学者提出,教育数字化转型不同于教育信息化,教育数字化转型是教育信息化的特殊阶段。如果把教育信息化视为信息技术驱动教育发展的量变过程,那么教育数字化转型是在多年量变积累基础上实现质变的。

如果说教育信息化以基础设施和资源平台建设来提升获取知识的便捷程度,那么以教学和管理模式重塑为特征的教育数字化转型,重在解决如何打破数据孤岛、提升师生参与度、将日常获取的大数据应用于改进教学和评价等诸多新问题。杨宗凯学者则认为，教育数字化转型是指利用现代信息技术支持教育在育人方式、办学模式、管理体制、保障机制等方面创新，推动教育流程再造、结构重组和文化重构，改变教育发展动力结构，促进教育研究和实践范式变革，最终实现人的全面、自由、个性化发展。

李永智学者也认为，正确推进教育数字化转型，必须准确理解和把握信息化、数字化、数字化转型的本质不同。信息化是指教育教学过程在物理空间闭环完成，信息技术予以辅助。数字化则是建立物理空间映射而成的孪生数字空间，教育教学过程在数字空间建立逻辑闭环，调用物理空间元素实现。而数字化转型，特指以数据要素为基础，统筹物理空间和数字空间教育教学元素，实现育人全过程深度优化融合，基于数字空间，更新教育理念，建构教育教学新范式，而建立教育新体系。祝智庭、胡姣等学者则提出，数字化转型建立在数字化转换和数字化升级基础上，是数字化发展的更高层次走向，其主张通过数字技术与各领域的深度融合，以实现此领域的重大业态转变。具体而言，教育数字化转型并不是数字技术与教育活动的简单叠加，而是通过数字技术的全方位、多维度、深层次赋能，以推动教育的全领域转变。从本质上看，教育数字化转型是一种范式变革，指的是将数字技术整合到教育领域的各个层面，以推动教育组织转变教学范式、组织架构、教学过程、评价方式等全方位创新与变革，从供给驱动变为需求驱动，实现教育优质公平与支持终身学习，从而形成具有开放性、适应性、柔韧性、永续性的良好教育生态。

美国高等教育信息化协会（EDUCAUSE）作为高等教育信息化领域颇具影响力的专业组织，以及世界高等教育机构推进教育信息化的领跑者，将数字化转型定义为：通过文化、劳动力和技术深入而协调一致的转变，优化和转变机构运营、战略方向和价值主张的过程。有人误以为数字化转型就是信息技术在工作和个人生活场景中的应用，即数字化转换或数字化升级。其实，数字化转型与这二者差异较大，数字化转型更加复杂，其影响范围更广。EDUCAUSE定义了数字化转换、数字化升级和数字化转型三者的内涵。其中，数字化转换指将信息从物理信息或模拟信息转换为数字信息，并对数字信息进行组织的过程；数字化升级是利用数字技术和信息改变机构运作过程，使其更加自动化和简化的过程。数字化转型指通过机构转型，利用一系列相互协调的文化、技术和劳动力的改革创新,实现教学模式、运营模式和价值主张的创新。数字化转换和数字化升级为数字化转型奠定基础,而数字化转型是数字化转换和数字化升级的发展深化。

教育信息化在中国发展30多年以来,不断将信息技术融入人才培养,深化教育改革,提升教育质量,促进教育均衡,造就了一大批高层次信息技术人才,培养了一代又一代具有一定信息素养与技能的社会主义建设者和接班人,奠定了网络强国的人力资源基础。但是,受限于技术发展和意识提升,普及还处在逐步实施的过程中,教学仍沿袭工业时代建立的传统学校范式。总体上看,教育信息化还基本停留在对教育内容呈现、传播、存储、检索、统计等方式的优化上,主要是教育手段的信息化和对传统教育的局部与表面形式上的改善。

随着数字技术迅猛发展和日益普及,物理空间全部可数字化,教育全过程全要素均可数字化标识、可计算、可存储,教育数字化转型将围绕"更新教育理念,变革教育模式"的教育深层改变。从改善到改变,如果说教育信息化是技术推动教育发展的量变过程,那么教育数字化转型则是多年量变积累基础上的质变过程。

(二)教育数字化转型的价值意蕴

教育数字化转型是构建学习型社会、办好人民满意教育的需要。人们对美好未来的向往和日新月异的技术进步,不断对教育提出更高要求。而传统学校教育体系已无法适应数字时代发展,突出表现在四个脱节:一是学科间脱节;二是学段间脱节;三是知行间脱节;四是理论与实践(教学与应用)脱节。随着数字技术发展,数据驱动因材施教,为更高质量的教育公平提供可能。新时代背景下教育数字化转型更加强调以人为本,围绕"立德树人"构建数字化、科学化、终身化教育体系;更加注重以应用为主,构建教育新生态,服务差异化教学、个性化学习和精细化管理;更加凸显技术赋能,促进新兴技术与教育深度融合,助力实现"人人皆学、处处能学、时时可学"的学习型社会。作为当前教育改革发展的重要内容,教育数字化战略行动具有特别重要意义:一是应对数字化发展大势,助力培养适应未来社会发展需要的知识、能力并重的创新型人才;二是破解教育改革发展难题,通过引领构建高质量教育体系,加快教育内涵式发展,促进教育公平,提高教育质量;三是在数字中国和教育强国建设战略引领下,加快教育行业全面数字化转型和智能升级。

在建构新的教育教学范式方面,教育数字化转型也具有双重意蕴:一是数字化技术的内嵌与耦合,二是教育的创新和变革价值。首先,教育数字化转型所采用的数字化技术并非指单一技术,而是多种信息、计算、通信和连接技术的组合,同时一些非数字化的技术也可以成为教育数字化转型的一个元素,如计算机硬件设备。也就是说,虽然教育数字化转型有赖于数字化技术赋能,但其技术基础是多技术集成的物理技术和数字技术的融合系统。其次,价值成长是教育数字化转型的关键输出,它强调了教育服务生态的变化和重组,其变化和重组维度涉及教育产品、教育服务、教育流程、教育模式、教育组织的创新和变革。教育数字化转型通过数据赋能在时间、空间、事间、人间(人际)进行"插值运算",以增强系统的柔韧性与适应性,从而降低外部世界不确定性所隐含的风险;通过数字技术和数据来延展教育系统的场景空间,由物理空间逐渐延伸至数字空间,从而扩展教育活动空间和想象空间;通过现实空间和虚拟空间的融合来促进教、学、考、管、测、评等服务,从而促进教育高质量发展。

(三)教育数字化转型与教师数字素养

当下,数字素养已成为 21 世纪公民参与经济和社会生活的必备"生存技能"。在数字科技的引领下,构建以学习者为中心的,全时空、全地域、全受众,人人皆学、处处能学、时时可学,更加开放、更加适合、更加人本、更加平等、更加可持续的智能学习新生态,要求教师具备比以往更加宽泛和复杂的专业数字素养。因此,一线教师队伍数字素养培养问题,也已成为教育数字化转型最突出、最急迫的问题。明晰教师数字素养内涵,是专业化教师数字素养培训框架制定的基础与前提。鲁君尚等学者研究认为,教师数字素养是指教师在学习、工作和社会生活中,对数字技术自信、批判和负责任地认知、理解和应用。但武刚等学者认为,教师数字素养是指教师充分运用数字技术开展教学的能力,包括对数字教学含义及开设高效、包容创新的教学策略的理解能力,引导学生创造性和批判性地使用数字技术的能力等。数字素养框架是指教师运用数字技术开展教学,引导学生创造性和批判性地使用数字技术等能力的通用标准体系。欧盟及其成员国作为教师数字素养研究与实践的先行者,近几年来对此进行了不懈的探索与实践,可以说,未来教师数字素养培养框架已经成型并趋向成熟,值得我们学习和借鉴。

欧盟教师数字素养框架主要包含五个核心构成要素,即数字化教学、数字化内容创造、数字化交流协作、数字化安全、数字化评估。其多样化的培养路径包括：一是完善数字化新基建，营造优质的数字化技术环境。支持学校数字化技术设施设备的完善，如笔记本电脑或混合设备、投影机、基于云的工具和软件应用程序、学习平台等，营造网络化、数字化、智能化的教育教学环境；二是提供融合数字化技术的多样化培训项目，激发教师数字化教学活力。为教师提供形式多样的数字化在线培训与学习体验，如慕课（MOOC）、微型慕课（NOOC）和"教育胶囊"（EduPills，一款面向教师的微型学习应用程序）等；三是构建数字化学习共同体，优化教师数字化协作与交流。为人与人之间的无线连接和广泛融通提供了平等对话、民主协商的多维空间，允许并保障教师以自由和安全的方式参与在线协作，共享团队或小组之间的数字教育资源，并提供在线共享文档以及参加在线会议的便利，共同商讨制定高效应用数字技术的教学理念与策略；四是加强数字科技伦理和法律规范建设，引导教师养成数字伦理意识。规范使用数字技术，增强数字伦理意识，增进数字伦理智慧；五是开发数字化评估工具与标准，提高教师数字化评估能力。开发了多版本的教师数字素养自我评估工具，同时制订了多样化的学生数字素养评估标准。

有学者认为，虽然教师教育与教育信息技术的融合，能够在一定程度上带来确定性保障，为教师教育活动的实施提供技术性标准与便利化条件，但必须充分认识到技术本身的局限性，以客观评估教师教育的复杂性，完善相关评价机制。在教育实践中预防和杜绝教师对信息技术的过度依赖和滥用、教育对技术理性的过度强调等不良倾向。教师数字素养的发展需经历不断积累、创新与迭代升级的过程。欧盟教师数字素养框架在教师专业发展指导与教师教育培训方案研制方面具有很强的实用性和可操作性，启示我们尊重教师学习的认知发展规律，从以人为本的发展视角建立由点及面、分层分类的联动式教师数字素养培养和培训体系，促进各级各类教师数字素养的终身、可持续发展。

（四）高等教育数字化转型的内涵解析

近十年来，国家层面相关政策体系日臻完善，推动了高等教育信息化的快速发展。如实施《教育信息化2.0行动计划》《高等学校人工智能创新行动计划》，强力推动高等教育数字化转型变革。目前，高等教育数字化转型已成为国际趋势，也是学界研究的热点。高等教育数字化转型的内涵是什么？如何推进高等教育数字化转型？未来方向有哪些？对这些问题的探讨，有助于促进我国高等教育数字化转型,进而为推动大学美育数字化转型提供研究思路和决策参考。

1. 高等教育数字化转型的核心目标

当前,数字化转型已成为高等教育的首要任务。在推动转型的过程中,高等教育的领导者、决策者应关注的核心目标,在于技术的创新应用、文化的变革和制度的完善。数字技术助力高等教育的转型表现在:第一,高校可利用人工智能和学习分析技术,测量、收集、分析和报告关于学习者及其学习情境的数据,以了解和优化学习及其发生的环境,提高学生成绩,促进招生就业等;第二,可以丰富和扩展学生与高等教育机构的联系,提供贯穿学生学业生涯、持续和有价值的经验,促进学生能力的全面发展;第三,高等教育机构可通过创新变革的管理模式和教育教学模式,改善教育教学效果,使高等教育在不断变化的智能时代更加灵活多样,以更好地满足学习者多样化的需求。比如,翻转课堂、游戏化教学、增强现实、虚拟现实或混合现实等新的教学模式,已为高等教育的师生提供了多种可能性,增加了教育的覆盖面和知识的传输率,促进了高等教育不断创新发展;数字化学习平台的建立和各种技术的综合应用改进了传统教育管理烦琐、冗杂的缺点,通过高等教育创新管理模式,为教师和学习者提供更加精准的教育教学服务;第四,文化的转变促进高等教育转型。人们对数据安全性和隐私性的逐渐重视为数字化转型奠定基础;高等教育机构领导者能够承担自身责任,做出有利于资金流通的决策,支持技术的及时更新以及与教育的深度融合,为学习者提供灵活、有效且稳定的系统服务,从而为数字化转型提供保障;教职员工要尽早参与变革以获得经验,并重视终身学习,进而为数字化转型的发展创造条件。智能时代强调教学的创新,这种创新不仅仅是技术创新,更是学术创新、课程创新和组织创新。高等教育数字化转型是高校各方面整合应用新兴技术的过程,需要高等教育机构在技术、文化和管理等方面展开数字化变革,为未来建立更好的教育教学模式,并按照优化、持续和创新的方向发展。

2. 高等教育数字化转型的发展阶段

为实现高校数字化转型的战略目标,高校领导者必须正确评估自身所处的数字化转型阶段。李敏辉学者提出高校数字化的转型可分为三个主要发展阶段:第一阶段数字化转换,是将物理信息转换成数字信息,并进行相应的组织;第二阶段数字化升级,是利用数字技术使机构运作更加简化、自动化和智能化;

第三阶段数字化转型,通过机构转型和改革,协调技术、劳动力和文化来实现新的运营模式和价值主张。

兰国帅等学者综合分析了国际现行的教育转型理论,认为高等教育数字化转型的技术和过程主要经历以下四个阶段:

(1)稳定阶段

该阶段是高校建设稳定的信息技术系统和管理职能,包括将核心信息技术系统升级到最新版本、增强网络、增加带宽、解决安全漏洞和风险,以及支持学生、教职员工和其他利益相关者。

(2)标准化阶段

该阶段包括消除冗余系统、实施IT治理,确保优先级目标一致、减少定制,以及采用标准的云计算技术,建立稳定的核心技术基础设施,并寻找提高工作效率和节约成本的新机会。

(3)最优化阶段

在该阶段,技术可以简化烦琐的手工任务,提升自动化程度和效率,允许教职员工为学生创造更快、更可预测、更个性化的学习体验。然而,如果高校的教育信息化建设不先实现稳定化和标准化,那么其教育信息化将面临失败的风险。

(4)数字化转型阶段

在该阶段,一旦技术生态系统得到优化,高校就可以实施变革性技术,利用大数据进行预测性分析,推动教育决策和教学创新,使学生学习和体验个性化。

3.高等教育数字化转型的价值意蕴

建设高质量教育体系是新时代我国高等教育发展的政策导向和重点要求,而这迫切需要高等教育数字化转型的创新赋能。

郑勤华学者认为,高等教育数字化转型的意义在于以下四个方面:

(1)能改善教育质量

高等教育数字化转型有助于高校采用创新性教学模式,惠及和支持更加多元的学生群体。

(2)能提高学生成功率

高等教育数字化转型可有效改善学生的学习体验、毕业率、学业表现和教师教学。

(3)助推高级别研究

高等教育数字化转型可有效促进高校改进研究方法，使以前无法实现的研究范式成为可能。

(4)助力简化管理

高等教育数字化转型为高校提供了改善运营模式和教学实践的创新途径，有助于高校在文化、劳动力和技术方面成功实现数字化转型。

高等教育数字化转型是高等教育高质量发展的重要引擎和创新路径，是引发高等教育支撑体系的重塑和再造，对高等教育教学模式、治理体系、教师发展方式等方面产生系统性变革。教育数字化战略的实施，关系到能否为数字经济和数字中国的发展提供人力保障，是把握新一轮科技革命和产业变革新机遇的必然举措。

4.高等教育数字化转型的实施路径

关于高等教育数字化转型的实施路径，不同国家、不同时期、不同发展水平的高校，应该有不同的路向选择。李敏辉建议，高校应积极探索建立政府、企业与大学的公益性多边合作的机制，以共享优质高等教育资源。高等教育数字化的转型需要相应的软硬件基础建设。基础设施（如硬件设施、互联网连接等）是高等教育实现数字化转型的先决条件。在软件方面，配套专业知识与课程资源、提升高校教师信息与通信技术（ICT）能力建设，是推动高校数字化转型、提升其在线教学水平的必由之路。

高等教育数字化转型是一个系统性和全局性的教育创变过程，其主要包括文化、劳动力和技术三个层面。兰国帅学者据此提出中国高等教育数字化转型的四条路径：一是高校需要基于系统规划性和协同性原则，加强顶层设计和整体规划，制定高等教育数字化转型模型框架，协同推进高等教育数字化转型落地；二是高校应注重营造基于数据的教育决策文化氛围，将大数据、学习分析、物联网等智能技术融入高校教育决策与教育教学的变革进程，筑牢高等教育数字化转型的文化转型生态；三是提升师生数字素养与培育首席数据官，厚植高等教育数字化转型的劳动力转型基础。尤其是提升数字素养应当从学生和教师两端同步、相向推进；四是高校要秉持以学生为中心、以服务为中心、以体验为中心、以数据为中心的理念，构建高等教育数字化转型一体化服务生态体系，筑牢高等教育数字化转型的技术转型基座。

高等教育数字化转型,不能简单理解为对传统教育的改善。它不是微观局部技术应用的迭代升级,而是围绕高等教育理念更新和范式变革的系统性改变。应该强调,尽管是系统性甚至革命性改变,但高等教育促进人的发展和社会发展的宗旨不会改变,同时教育培养社会主义建设者和接班人的根本任务不会变,并且按教育规律办事、依人才成长规律育人也不会变。

第二节　高校美育数字化创新的核心要义

国务院办公厅《关于全面加强和改进学校美育工作的意见》中明确要求,"充分利用信息化手段""鼓励各级各类学校结合'互联网+'发展新形势,创新学校美育教育教学方式,加强基于移动互联网的学习平台建设"。因此,在德智体美劳"五育并举"视域下,结合高等教育改革发展的新趋向,对于加强大学美育数字化转型,成为亟待解决的重要课题。

一、大学美育数字化转型面临的挑战

《数字化生存》（Being Digital）一书的作者 Nicholas Negroponte 断言,数字化的空间是一个虚拟的,依靠数字逻辑建立的,是不可触摸的,呈非物质形态的东西,数字化革命加快了"后信息社会"的到来;马畅认为数字化的智能化、快捷化在一定程度上扩大了美育规模,而其虚拟化、机械化所带来的美的流动秩序的混乱也使美育工作陷入了困境。艺术形式的电子化、体验方式的沉浸化和传播模式的同质化昭显得数字化渗透过程的"快餐化"倾向,难以让大众汲取美育中特有的精神养分;王波认为数字化技术的广泛应用使现代传媒日益成为人们审美消费和审美娱乐不可或缺的手段,这种新的审美形式的出现,给人们带来了崭新的审美体验;解冬梅认为数字化导致了审美教育民族化、本土化的失落,以及审美主体异化和文学艺术独创性的尴尬。

关于对美育数字化转型内涵特征的认识,学界的探讨一直在持续深入。李天昊认为网络美育在互联网中具备信息化和数字化等特点,呈现出多样化的形式,具有相互性、虚构性、研习性、多元性、共用性、全天性等特征;傅才武认为网络审美是随着现代计算机互联网的发展形成的一种新的文化现象,核心是在现代信息网络中注入了独特而丰富的文化价值和文化精神,因此网络本质上具有了审美内涵;曾晓崙认为线上美育一方面是对教与学方式的拓展,促使一种无

时差、无距离的"课堂"应运而生。依托网络媒介、平台形成的传播、交流、观看及展示的路径、方法，最大化地走向了公众，这也为当代社会性的美育传播提供了更大的可能。另一方面，通过硬件、软件重构起的图、文、声、像等，是新技术对美育输出形式的重新定义。

数字化渗透对大学生审美素质的影响也引起了教育界的高度关注。徐令主张大学生在网络空间中通过数字技术进行的认知、建构世界的过程，是作为审美主体进行的基于特定审美价值观的审美体验，并且具有独特鲜明的新技术时代特点；周玫则认为网络是一把"双刃剑"，它一方面丰富了提高大学生素质的途径，促进了大学生素质结构的优化，但另一方面会淡化是非标准，造成大学生审美缺失。由此可见，在数字化时代，互联网、人工智能的高速发展给传统大学美育育人方式带来了巨大冲击。网络的普及大大丰富了美育资源，潜移默化地改变着大学美育教与学的方式，如高校网课平台、互联网教学系统、AI 大模型等都在大学教育阶段得到了普及和发展。而网络上出现的各种恶俗和低级趣味等内容也侵蚀着大学生的审美志趣，消解着大学生的审美体验，削弱了大学生对社会主义核心价值观的认同感。王一川认为，当前数字化时代美育正面临着一系列新变化，主要有五个方面。第一，数字全球化时代的美育语境已经和正在发生变化，尤其需要重点探索类似疫情以来隔离或半隔离生活方式语境下美育的新方式、新形态及新问题。美育传授者在这样的隔离或半隔离状态中，面对同样身处隔离或半隔离状态的美育受传者，实施"隔空"的远程美育，这属于虚拟世界里的美育信息沟通方式。第二，隔离或半隔离生活方式下的美育信息，其接收和传输都会丧失掉过去所热爱、习惯而不觉得珍贵的面对面美育沟通的愉悦体验，同时美育受传者的身体与心理状况会变得大为不同。第三，美育媒介的个人化改变。过去到美术馆、博物馆、图书馆、文化遗产遗址等阅览、参观或游历，往往可以享受到目睹真迹、原作或身临其境带来的乐趣，而今只能更多地通过数字化渠道、数字产品或虚拟的物态化媒体情境来实现。这种个人的和虚拟的数字化交往和非面对面方式，有可能会成为美育的常规实施渠道。第四，随着审美媒介的数字化变化，审美符码也会更加注重数字化编码和解码方式，以便契合于个人化体验，也就是适合于孤独个体的体验以及虚拟的群体体验。第五，在美育文本方面，选择适用于美育信息传播的审美对象及艺术作品时，会要求更加贴近于美育受传者的隔离或半隔离生活方式，以唤起他们的群体生活的共同感。

二、大学美育数字化转型的理论逻辑

社会形态的变化推动着高等教育的改革，数字经济对大学美育提出了更高的要求。传统高等教育人才培养是以知识为先，然而数字经济和数字中国的建设需要大批具有德智体美劳全面发展的、具有创新精神的高素质人才。大学美育本身担负着以美育人、以美化人、以美培人的重任，是丰富想象力、涵养审美品质和培育创新意识的一种人文通识教育。数字化技术赋能大学美育内涵式发展，实现价值重建、结构重组、程序重造和文化重构，助力构建大学美育新生态，更能提升美育教学质量、激发教育改革创新活力。

大学美育数字化转型的理论意义在于拓展和丰富大学美育的新理念和新模式，进而驱动传统美育教学理念和范式的变革。如果说，传统审美教育方式的优势在于实时实地化的情境教育，那么，互动便是美育的灵魂。与传统美育居高临下、单向辐射的高台教化不同，美育数字化转型将更多体现出相互交往、及时对话的民主精神，彰显以学生为中心的教育理念。因此，深入探究数字化时代大学"数字美育"的育人机理、教育规律和创新路向，对于突破传统美育教学困境，加快信息技术与美育教学深度融合，有着显著的理论意义。

为应对全球美育数字化发展趋势，大学美育开始注重虚拟化、规训化、隔绝化或孤独化等，这将对于以往美育方式的面对面现场感、共在感、亲密感及相互交流等构成拆解，从而导致新矛盾产生。美育过程会更频繁地面对亲密感与疏离感的交织、自由感与规训感的结合、愉悦感与恐惧感的交融等多种情形。由此，有必要充分利用和开发数字化资源以及高校美育分层教育等一系列问题，然后进行深一步的探讨。

三、大学美育数字化转型的实践逻辑

目前，大学美育教学改革存在一些流于形式、创新不足的问题，主要表现：一是在"互联网＋教育"摸索的过程中容易出现本末倒置的问题。如"互联网＋教育"只是被作为一种教育工具来使用，即原本需要教师在教室播放的视频变成学生在家就能观看的，原本教师在课堂上要说的一些话变成学生在手机 APP 上阅读或收听的，甚至教师面对面授课也变成了录制网课再进行发布。教育的核心在于教学，教学的根本在于课堂，而课堂的主导在于教师的讲授。而种种问题导致现行的"互联网＋教育"实际上只停留在借助网络通道传递教育教学信息的层面,其不仅不比传统教育教学效果好,甚至还要差些。二是对美育教师的要求过高。美育想要突破僵化的现状,也必须依赖互联网和数字化的发展。但对相当一部分教师而言,面临着巨大的挑战,尤其是越年长、资深的教师,其面对新业态、新趋势就越难适应。一方面,相比于之前静态不变的电脑打字、多媒体课件文件,网络上的各种平台与资源是一种动态的"流量",也增加了更多源自网络的不稳定性,迫使使用者学习并掌握更灵活的使用和处理方式,而这部分教师学习和掌握新技术较为困难;另一方面,丰富的教学经验会形成稳定的教学思路、教学风格,但数字化时代的要求不仅是使用高新技术,更是要从思路源头进行创新,甚至改变学生和教师的关系,而这部分教师的思维多少已被同化,因此很难有大的转变。三是短期内增加教学成本。虽然从长远来看,美育数字化转型能够降低教育成本、促进教学质量提升,但距离其真正实现还有多久尚未可知。所谓教学成本,既包括教师成本,也包括设施资源成本。由于美育长期处于尴尬境地,加上师资数量与质量问题一时间难以解决,而对教师队伍进行培训既耗费成本,也需要时间。而硬件设施方面对一些美育基础薄弱的高校,其建设任务尤为艰巨。

大学美育数字化转型的实践意义在于切实有效地推进大学数字化美育与传统美育育人机制的深度融合。推动大学数字美育学习平台建设,包括线上MOOC+线下审美知识系统、线上翻转课堂+线下艺术实践与体验互动、线上云平台和大数据+线下美育综合效果测评等,以带动多学科跨界联网、线上线下教师学生联网,打造一个互联互通的美育生态共同体,最终实现美学知识在专业人才培养中的迁移,进而为促进学生科学素质、人文素质、道德素质、身心素质、实践技能等全面发展打下坚实基础。

第三节　高校美育数字化创新的策略构想

多媒体、云计算、互联网等技术的发展扩展了教育和学习的空间,5G通信技术、大数据、人工智能大模型等前沿技术的教育应用为促进信息技术和美育的深度融合提供了新思路和新手段,必将推动美育线上教学和线下教学融合共同发展。教学时空日趋集成化、智能化与开放化,多媒体素材、课件等数字教学资源愈加丰富,翻转课堂、慕课、微课、混合学习等基于数字技术的教学方式热度递增,培养数字时代知识丰盈、技能娴熟、精神高雅的合格公民的教学目标愈益清晰。为了适应数字化时代大学美育教学变革的需要,应在美育数字化转型方面积极探索,为构建高质量、高性能的数字美育新生态提供现实指导。

一、统一认识,树立以学习者为中心的教育理念

以学习者为中心是大学美育数字化转型的核心理念。在以学习者为中心的新体系中,通过数字技术,教师帮助学习者发掘个人潜质,激发学习兴趣,指导、督促学习者在最具天资、最感兴趣的领域,用最科学、最有效的方式自主学习,以争取成就个人在社会中的最大价值。需要强调的是,在现有人工智能科学和人脑科学获得革命性突破前,尽管教师不再是教学过程的主体和中心,但是仍然起着无法替代的主导作用,更何况数字技术还难以替代教师在教学过程中的智慧。简而言之,人工智能虽无法取代教师,但可以赋能教师。

当前由于高校信息化管理缺乏系统规划,导致管理粗放、资源浪费和工作效率低下等问题。为破解高校机构管理的难题,高等教育不能再以增长模式运作,而应通过简化全校各层级的工作,采纳以学生为中心的设计,进行流程改进和系统重组,减少冗余工作,改善终端用户体验,以取得事半功倍的效果。

二、高屋建瓴,制定美育数字化转型战略规划

大学美育数字化转型是持续迭代的进化过程,需要进行系统规划,以迭代推进。一是以数字化的视角和系统化的设计,优化大学美育数字化转型机制的结构要素与实施路径,将数字美育的教学体系与学校人才培养定位、学科专业建设结合起来,充分体现出科学、艺术和人文的办学理念;二是规划建设数字化教学平台。依托云计算、大数据、人工智能等数字技术打造的智慧教学与教研平台,突破时空限制,多维度连接校内外资源,助力教师随时随地可教、学生随时随地可学;三是促进美育教学管理智能升级。借力大数据、虚拟现实、人工智能与教育教学的深度互嵌,实现教学设计精准化、教学组织精细化、教学辅导精益化,助力教师更精准地"教",学生更精益地"学"。

三、多元协同,推进美育教学方式融合创新

在"互联网+教育"的大趋势下,远程教育、网络课程、各类教育网站开始蓬勃发展。但究其基本思路,都还只是借助网络通道来传递课程和教学信息而已。现有文献研究表明,许多网课的教学效果并不明显优于传统课堂,尤其是

传统美育教学在面对面地营造大学生共情体验方面似乎更胜一筹。网络信息传播固然便捷、海量、快速，但从促进学生德智体美劳全面发展的目标系统达成度来看，却未必有效、精准。因此，必须突破大学网络美育教学模式的局限性，全面优化数字美育课程设置与教学运行模式，强化学生学习保障机制，探索"数字化美育＋传统美育"混合式教学融合发展的育人模式，应用5G、云计算、区块链等数字技术，高效整合与联通数字化教育教学资源、平台、应用与服务，降低教与学活动的创新难度，助力教师创新教学方法，培养多元创新人才。

教学是教育的核心。教学变革是教育数字化转型的核心，数据驱动大规模因材施教是教育教学变革的核心。大学美育数字化转型下的教育教学变革，是通过数据链接物理空间和孪生数字空间，基于数字空间建立逻辑闭环，建构美育教学新范式。其中包括：

①通过数据驱动大规模因材施教。基于数据开展有针对性的教研教学，通过深入挖掘分析数据，提升课前教研、课堂教学、课后作业的针对性和科学性。注重激发学生学习兴趣，发掘学生潜质。通过数据，针对学生的天资优势，为每位学生提供个性化的教育方案，助其走上更具潜力的发展路径；

②通过数据驱动美育教学全过程、全要素评价。加强教育评价数据治理，基于大数据优化评价模型，重构教育评价机制。改进结果评价，强化过程评价，探索增值评价；

③通过数字技术驱动美育教学场景创新。发展基于人工智能的探究式、个性化教学，基于增强现实和虚拟现实等技术的浸润式、体验式教学，基于新一代通信技术的远端多点协作式教学，基于区块链技术的优质资源分享机制，基于元宇宙技术的游戏化学习范式，基于低代码轻应用的用户参与建构的教育教学新生态，基于人技协同赋能教师。聚焦深化美育数字化转型的前沿理论和应用研究，以及高层次数字美育人才培养。

四、强基固本，强化美育教师数字素养和技能提升

数字时代高校美育教师的数字素养直接决定其教学胜任力。《关于全面深化新时代教师队伍建设改革的意见》提出"推动信息技术与教师培训的有机融合"。教育部印发《关于实施卓越教师培养计划2.0的意见》，强调了智慧学习环境等新技术与教师教育课程全方位融合，通过加快推进人工智能技术赋能新时代教师队伍改革发展。在美育教学管理中，需要持续发展教师的数字胜任力,注重促进教师的专业素养与能力发展,实现数字时代教师发展的专业化和数字化融合。通过梳理解析国内外教师数字素养框架构建,但武刚等将高校教师数字素养框架分为专业素养域、教学素养域和促进学习者域,并下设二级指标:将专业素养域分为数字软件使用、与他人合作交流、数据分析能力和专业发展能力;将教学素养域分为数字资源选用与创造能力、数字教学设计能力、数字教学组织和数字教学评估能力;将促进学习者域分为学习者数字学习能力、数字交流与合作能力、数据安全意识。未来高校教师数字素养框架的构建需要结合人工智能等新技术的发展,确保框架构建的实时性、科学性和规范性。周良发等人认为,目前高校教师在数据获取途径、数字创建能力、数字技术应用、数字安全意识等方面仍存在不足,存在"数字鸿沟",特别是"使用鸿沟",优质数字资源利用率低,这在一定程度上制约了其推进数字化教学的积极性和主动性。建议高校:第一,应加强相关理论研究,从理论层面厘清高校教师数字素养培育的必要性和可能性,制定高校教师数字素养培育的总体框架,为教师数字素养培育夯实学理根基;第二,做好顶层设计,把高校教师数字素养的提升作为一项长期性、常态化任务抓牢抓实,通过继续教育、技术培训和实践研修以不断提升广大教师的数字能力,从根本上解决教师的"数字恐慌"问题;第三,建设智慧校园或数字校园,为高校教师数字素养培育提供实践平台;第四,强化监督考核,使高校教师数字素养培育过程有序且高效;第五,完善评价激励,发挥评价的导向作用,增强高校教师数字素养培育的动力保障。总之,美育教师数字素养培育既是新技术浪潮下教师角色重塑的重要契机,也是一项动态的、复杂的、系统的能力提升工程,因而必须持续推进下去。

五、集成创新,系统建设美育数字资源

2022年3月,国家智慧教育公共服务平台正式上线以来,提供基础教育、职业教育和高等教育等优质数字教育资源以及大学生就业服务,以服务学生全面发展、服务教师教书育人、服务社会全面进步为基本准则,把教育数字化融入人才培养、教学改革、教育管理和社会服务全过程。平台汇聚了基础教育课程资源3.4万条、职业教育在线精品课6628门、高等教育优质课程2.7万门,以此推动各地各校建设数字时代新型教育环境,为师生获取数字资源、物理资源、人际资源且个性化地选择和应用提供了便捷渠道,成为推进教育数字化战略行动的重要抓手。大学美育数字资源比普通教育资源的内涵和外延更加丰富,其中包括教材、教案、教辅、习题、教学(课上与课下)实录等,也包括数字化的工具、平台、应用等。广义上,包括数字化美育体系下一切服务学生学习的人员、软件、硬件和环境等。形式上,包括图形、文字、语音、视频,也包括基于虚拟现实、增强现实等数字化技术呈现形式。本质上,美育数字资源具有明显优于传统美育资源的特征。那么如何系统建设美育数字资源?结合李永智学者的观点,给出以下四点建议:一是基于系统化的知识点逻辑关系网络建立美育知识图谱;二是以增强现实(AR)技术、虚拟现实(VR)技术等超现实呈现方式,赋能美育资源,提升美育教学质量;三是将数字化美育内容作为学习者建立学习共同体的平台节点,不断赋予其活力和成长性;四是大力开发数字美育课程,实现优质美育资源和应用共享,可有力促进高质量的校际均衡和区域均衡。

第四节 高校美育数字化创新的实践探索

一、苏州大学

积极建设新型"慕课"模式下的美育课程的苏州大学历来重视大学生全面发展,学校每年开设大量的通识类课程,并且课程总数量逐年增加,累计开设通识类课程逾千门,坚持探索美育课程体系,累计开设美育课程逾百门。作为一所国内一流、世界知名的百年老校,苏州大学在通识类美育课程建设方面,经历了长时间的探索与尝试,并积累了诸多成功经验,逐步形成了一系列完整的体系。随着我国互联网技术的逐步成熟,通过积极建设新型"慕课"模式下的美育课程,积极建设线上直播平台,使"慕课"这一新型的教学课程逐渐步入公众眼帘。迄今为止,已于各学区累计建设直播、录播教室63间,开设通识类课程177门,美育教育课程25门;创设网络视频课程学习平台,开设课程507门,其中美育教育相关课程15门;开设"慕课"课程34门,其中美育教育相关课程6门。

(一)优势资源整合,集众家之广,采众家所长

苏州大学"江南音乐文化之美"慕课课程项目,以"江南"为地理背景,以苏州本地音乐文化为主要内容,课程中所有素材、文稿、音乐演出资料、视频讲师具体由苏州大学音乐学院负责统筹策划。这里的"江南音乐文化"实际上是一个地域性音乐文化的统称,其中包含多种形式的音乐艺术。项目结合苏州大学所处的苏州市内本土音乐文化,管中窥豹,以苏州本地音乐艺术形式的特征,来讲述江南音乐文化的总体之美。"江南音乐文化之美"作为总的课题,共包含六个子项目,分别是:"昆曲——雅致之美""评弹——市俗之美""吴歌——民风之美""古琴——丝桐之美""江南丝竹——和谐之美""十番锣鼓——灵动之美"。一门课程包含如此之多内容,这是通识类传统课程中不可能做到的,但慕课可以凭借合理的课程布局完美地解决这一问题。

慕课文稿的内容是决定课程内容的基础,而所使用的媒体材料的质量则是保障课程质量的关键。"江南音乐文化之美"的每个子项目均以一位专业教师为核心,组建近20人的文稿撰写团队,集诸多学者之所长才形成最终文稿。慕课课程与传统的美育课程一样需使用多媒体文件,但慕课课程中所使用的视频、音频及图片内容质量要求更高,这也得益于整个慕课团队对高质量课程内容的不懈追求,甚至邀请各行各业的业界名家作为视频录制的主要人物,来展现原汁原味的正宗江南艺术文化。例如,十番锣鼓课程撰稿过程中,由于十番锣鼓传人稀少,且音频、视频及图片数量稀缺,音质较差,为了更好地还原历史上十番锣鼓的真实面貌,团队亲自走访顾家音乐班,顾家音乐班以演奏江南丝竹和十番吹打著称,经商定,最终课题组决定邀请苏州民族管弦乐团演奏十番锣鼓经典曲目《下西风》及《金蛇狂舞》并现场录音,以此来作为此次慕课课程的多媒体文件之一。

为直观讲解现今评弹圈的实际情况,了解评弹唱腔的发音原理,因而在评弹课程录制现场,特邀苏州著名弹词演员、国家一级演员、江苏省苏州市评弹团副团长盛小云,于录制现场讲解苏州评弹历史,讲述名家轶事。

昆曲课程的编排中,团队亲自赴苏州昆剧院,邀请国家一级演员、苏州昆剧院副院长、著名旦角演员王芳女士,苏州昆剧院副院长、著名生角演员俞玖林先生,国家二级演员、苏州昆剧院院长助理、著名净角演员唐荣先生等昆曲表演艺术家上台演出。拍摄完演出视频之后,邀请诸位演员回答了部分昆曲音乐中的常见问题,以最专业的角度来描述昆曲艺术的常见特征。

吴歌课程中,团队特意前往白茆、芦墟、河阳等地,采访陆瑞英和杨文英两位国家级吴歌传承人,采集珍贵的吴歌音频及视频,梳理江南吴歌发展的历史脉络,等等。

慕课课程的拍摄、录音及后期工作同样重要。"智慧树"是国内著名的在线教育课程制作公司,此公司剧本设置专业,摄影技术扎实,根据实际讲课内容,将每节课的时间安排为十分钟左右,配以课前回顾环节、正式讲课环节、课后问答环节等。拍摄场景依据课程内容而定,如拍摄评弹课程之时,特意将舞台布景成弹词演出的形式;拍摄吴歌课程时,选景地在苏州白茆山歌馆之一吴歌纪念馆;拍摄古琴课程时,前后前往吴门琴头、石听琴室等具有古琴气质特征的地方。总体而言,整个拍摄过程中,不论是编剧也好,取景也罢,都十分用心,且匠心独具。

(二)课程配置合理,内容环环紧扣

"江南音乐文化之美"整个课程分6个子项目,每个子项目下设12节课,每节课时长10～15分钟。一方面,慕课课程整合资源能力强,将悠悠百年历史的昆曲特征仅用两三个小时讲完,高度压缩课程容量的同时依旧保证很高的质量;另一方面,高度压缩的课程被合理划分,每节课的时长远短于传统美育课程,学习慕课的学生可以更高效地将碎片化的时间资源重新整合。慕课课程可以随时下载到移动存储设备中,方便在任何时间任何地点进行学习,"江南音乐文化之美"的课程编排便是以"便于学生安排碎片化的时间"为出发点,将每节课课程时间压缩至10分钟左右,高度要求课程质量的同时,减少每节课的容量,将整个硕大的课程细分为多个小章节,使学生可以在闲暇之余,观看慕课课程内容,学习慕课课程知识,整合碎片化的时间。

为增强师生之间的互动,每节课中所介绍的文化概念均有互动题目出现,这些题目较短,且较为简单,会在课程之中以对话框的形式弹出来,也被称为"弹题",旨在提升学生的积极性、增加课程的趣味性、帮助学生记忆知识点。每节课程的开始都有对上期内容的回顾,而课程的结尾部分有对本期内容的提问及下期内容的预告,谓之"温故而知新"。

(三)课程受众群体广,受益群体多元化

传统的美育课程,作为高校通识类课程的一部分,服务对象主要为本校在校大学生,而慕课课程将优质教学资源共享于互联网之上,所面对的受众群体不仅仅为本校在校大学生,而是面向整个社会群体,不论任何专业、任何年龄段的学生或者在职人员,都有机会选择自身感兴趣的课程进修,这体现了慕课课程的平等性及民主性。以视频形式在线学习,可以反复观看课程内容,有别于传统课堂一遍就过的学习模式,其体现了慕课课程的反复性,这也使学习慕课的学生,可以反复多次学习,进而掌握学习内容。

二、山东师范大学音乐学院

基于创客教育的高校美育通识课混合式教学探索。

（一）课程建设背景

创客教育是"用创客的理念改造教育,以培养学习者科学、技术、工程、数学、艺术方面的信心、创造力和兴趣"的教育模式。创客活动源于美国麻省理工学院,创客教育于1998年兴起,2009年和2012年在美国得到两次推进,随后在我国才开始得到重视。2015年,这种着力提升学生的信息素养和创业创新能力的教育模式已成为国家战略。当前,创客教育成为国家大力倡导的信息技术教育应用的重要领域。高校是创客教育的先行者,而在高校课程中实施创客教育是顺应时势之举。

1. 高校传统美育教学的痛点

以往,一些学生在选修通识课程时,并不以学到多少知识、培养多大能力为目标,而是首先考虑课程"好不好通过"。学生对于美育特定功效的了解不太深入,一些学生还认为美育太专业,非专业学生很难学会。一些学生认为赏析类课程中的文化元素含量不足,选这样的课程会与本专业不相干,或者自己没接触过艺术领域,担心自己不能胜任这门课的学习。美育课程在学生心目中还不那么受重视,除了学生的积极性不够,还在于教学环节上也存在一些问题,比如照本宣科的教学方式,教师介绍完曲目后就放一下音视频,充当了放映员的角色。教学中的创造训练较少,课堂活跃度不够。学生轻视音乐理论课程学习、畏难、兴趣低等问题,以及教师在音乐赏析的教学环节运用信息技术手段不足、创造性能力培养不够、引导学生发挥音乐技能优势不足等问题,极其影响了对学生综合素质的培养,造成学生对课程的兴趣只停留在口头上,无法让学生亲自体验艺术实践,能力培养的效果很低。学院认为,作为高校的美育课程与初级教育中的艺术课程有很大差别,它不能只是简单地介绍作品,而是要与音乐史知识结合起来,使高校的美育课程既有人文学科的性质,又有艺术课程的性质,同时具有创新课程的性质。

2. 用数字化平台赋能大学美育教学

当前,正处于教育信息化2.0时代。国家提出建设五类万门一流课程,其中包括线上和线下混合式一流课程。2013年,我国已开始建设MOOC,目前已有十几个MOOC平台,其中一些跟国际平台接轨。我国已成为MOOC大国,截至 2020 年,上线课程数量已达 1.25 万门。

艺术类课程就其本质来讲,创新意识和创造力的培养是其重要目标,而创客教育"在创造中学习"的方式正好与培养目标契合。在教育数字化转型的大背景下,山东师范大学音乐学院以美育通识课"中国音乐史与名作赏析"为教学改革的突破口,基于创客教育的思维,建设成 SPOC(小规模在线课程)和 MOOC(大型开放式网络课程)两种平台形式的课程,旨在培养学生的知识应用能力、结合艺术实践的在线学习能力等,使学生切身体验艺术之美,并致力打造高校美育课程中的线上线下一流课程——金课。通过美育通识课的 MOOC 建设,并在混合式教学实践中引入创客教育思维,使美育课程更能吸引学生、更好地服务于学生,进而使教育信息化与美育工作更深度地融合。

自 2015 年至今,经过 6 年多的在线教育建设,形成了 SPOC 和 MOOC 两种形式的课程。其中 SPOC 已有 4 个年度,共 1000 余人参与学习,年均点击量为 150 万余次。2019 年 3 月,作为 MOOC 上线,目前课程被国内 66 所高校引进,学习人数 5240 人。将创客教育引入美育,达到 STEAM(STEAM 教育就是集科学、技术、工程、艺术、数学多学科融合的综合教育)的效果,属于精神生活领域的创客教育。教学中的创客教育思维表现在给学生布置建设以打造"网络共享音乐会"(网络共享音乐会是本课程实践所实行的一种创客教学任务,它是运用在线教学平台的研究性学习模块功能,通过学生上传自己根据所学知识点编创的乐舞,从而在网上实现编创乐舞的共享性展示。)为主的特殊任务,让学生在其中实现理论知识的整合式掌握,使实践力、创作力得到发挥,寻找知识教育和创新教育的结合点,体现教学的创新性、实践性、开放性和共享性。

(二)创客教育融入大学美育的框架思路

1. 打造"网络共享音乐会"

实施创客教育的原动力来自给学生布置特殊任务。学院教师团队精心设计以学生创编并表演作品为终极目标的特殊任务,学生以特殊任务为导向,通过知识的整合,层层递进,最后达成任务目标。创作思路紧密结合课堂教学的知识点,运用在知识教育中获取的元理论,历经设计、创编、表演等过程而最终形成完整作品,然后上传到教学平台中展现,积少成多,从而打造"网络共享音乐会"。打造这个特殊任务,其特色是让学生在充分掌握中国的音乐文化理论之后,实现符合音乐文化原貌的在线创编与展示。按照章节的安排,每章对应一项(种)音乐作品,最后积累所有章节的作品,形成有历史依据的作品集,并在教学平台中实现小组共享、组组共享、平台内外共享,甚至学校之间的共享。这个特殊任务的完成,实际是以实践为表现形式的理论学习成果展示,有利于过程性评价。

2. 网络共享音乐会中的要素整合与展示

学院规定每位学生将作品的视频上传到平台上,通过网络音乐会的展示,实现从线下的理论到线上的理论测试再到精品的舞台实践。学生上传的学习成果不仅包括文字资料,还有自创、自演的乐舞作品,或者以艺术采风、赴博物馆学习等为蓝本而自己制作的有关课程知识的纪录片。这是自主性学习成果的非文字展示方式。网络音乐会中的作品,经过教师团队、学生助教评选以及学生互评,还可将精品搬上舞台,这样,把本应理论联系实践的课程从纯理论讲授转化到艺术实践的轨道上。学生从文本学习开始,组长负责组织学习和讨论,实现开放性、交互性、共享性、协作性和自主性的学习模式。例如,讲授汉代音乐的有关知识,使学生在课堂上通过教师讲授而全面掌握汉代音乐文化之后,运用平台中的资料库,选取符合汉代的乐器种类和编配形式、汉代乐器的音色、汉代乐伎的服饰以及汉代的舞台美术等模块,发挥学生的创造力,编配汉代的乐舞,表演复原的乐府诗或者汉代音乐有关的情景剧。其过程充分整合了中国古代音乐文化信息,做好过程中的分项任务,为达到终极目标,形成一个系统性的审美艺术实践闭环。

3. 加载创客教育目标达成度评价

评价是对学习过程和学习成效进行检验的一项教学管理环节。学院根据理论知识设计评价指标,由教师和学生共同评价。非文字的展示方式是音乐类课程实施创客教育的特色。评价对象虽是音乐实践的作品,但其实指向的是对音乐理论掌握程度和艺术审美的深度体认。特殊任务的出色完成,实际是传统教育知识任务的延伸,是体现美育价值的有效环节。这种从创客教育思维中催生出来的学习模式,也能够提升学生对中国传统文化的兴趣,感受快乐学习的情境,不仅授人之以鱼,还能授之以渔。这种方式使教学大大发挥了大学生创新能力,既符合艺术学科的特征,又达到创新人才培养的要求,还最大限度地体现了课程价值。

4. 实现信息技术与教学实践的深度融合

一些学生具备一定的音乐技能,他们的能力可以在打造特殊任务中得以发挥,有利于通过技能理解理论。一些学生虽然不具备音乐技能,但是可以利用共享和研究性学习,逐渐接触音乐技能。打造网络共享音乐会,通过创客教育的模式,提供了互助互利的机会,做到边创边学,从实践回归理论,从创造中提升兴趣,依靠信息技术提高教学质量。作为音乐通识课,依靠信息技术,关注的就是在理论学习中得到技能实践的培养,做到理论与实践的深度融合。这正是百闻不如一见,最大程度地发挥信息技术优势在艺术课程中的运用。

(三)创客教育对美育教学结构调整的实效

1. 实现了创客教育模式与音乐课程特点的契合

艺术的创造力培养始终是课程的重要目标,这个目标依靠死记硬背的学习方法是无法完成的,而且在传统教育模式中也很难实现。此项教学实践是由音乐课程的特点与创客教育模式的契合度所决定的。通过混合式教育的方式,充分利用教学平台的功能,引导学生通过在线上和线下的学习,从而透彻理解理论知识,打造"网络共享音乐会"为创客教育的"特殊任务",在研究性学习中可以共享以理论知识转化的有形的、实践的作品。作品不在于具有多高的专业性,而目标是经过了深入实践的创造学习,对艺术的体验会得到加深。艺术的创造性在这个过程中得以体现,基于创客教育的音乐课程,围绕理论成果的有形转化,发挥了理论课程的最大效能。

2. 实现传统教育的延伸

传统的教学方式不可简单替代,新时代的美育教学应保留传统美育教学的优势,并作多维度、多形式的教学延伸。传统教育是知识的教育,而基于创客的教育,其目的是真正地把音乐理论知识转化为能够体验的艺术实践。我们要求创造的音乐作品必须基于课堂讲授的理论基础,涉及的有关音乐的人文历史知识,作品与理论的契合度就是学生过程性评价的重要指标。"网络共享音乐会"的打造,其意义除了使理论学习得以深化,还在于从理论知识到音乐作品产生过程的自主学习、研究、演绎等环节所呈现的实践意义。这一点符合本科教育中为学生"适当增负"的要求。

3. 实现多元教学评价

学院设计的"网络音乐会"是引导学生成为基于课堂学习的艺术创客者,他们的作品都是自己创作和表演的。对创客空间作品的评价,实际是评价知识的掌握和运用知识的能力。创客空间的艺术作品可以日积月累,使美育的效果可以一代又一代体现。学院设计的创客空间的评价由教师评价和学生互评组成，互评的指标既包括知识教育的客观标准，也有艺术创造力的主观标准，二者的结合实际是对知识教育的整合。这个过程集合了学生自己创作与表演、运用相关软件创编和设计等技术因素，每一步都体现了对所学知识的创造性运用。创客教育中"创"的质量的评价，是与知识教育结合的关键点，是用整合的方式，逆向运用知识的过程，形成理论知识的主动再教育，最终达到引导学生"学一点，用一点，活学活用"的效果。

4. 提升创客空间的艺术创造力

在教学实践中，学生的创造力得以初步实现，依托课程学习，衍生了国家级大学生创新创业项目，获得了"挑战杯"比赛奖项。在这些活动中，学生真正参与艺术实践，使学习不仅实现自主性，而且具有延续性，增添了学生的知识结构，丰富了校园文化，实现了创造性与艺术的完美结合，达到了STEAM教育的成果。目前学习课程的学生，大多数展现出一定的艺术创造力，四个教学年度内，学生主持了两项国家级大学生创新创业项目。这些项目都是紧密依托课程而设计的，将理论知识转化为有形作品的自主开发活动，以创造的形式形成作品，在此过程中体现了对理论知识的深度掌握。例如，2015年，国家级大学生创新项目"运用3D打印技术自制古乐器教仪实施理论与实践深度融合学习模式研究"，运用课程所认知的古代乐器数据，成功打印了一件晋代的律器"荀勖十二笛"黄钟管，发挥了音乐实践的技能和艺术创作力。学生还在自制古乐器上演奏出了音乐，唤醒了历史的声音；2017年，国家级大学生创业项目"Musical E-Joining——古乐舞创意工坊"，是对古乐舞的乐舞表演、乐器形制、乐队编制、演出场所等元素进行辨识，制作网络教学平台所用的古乐舞原创包资料库，供学生进行网络音乐会的作品创编。该项目还引领学生到民间采风、走进博物馆以及MINO网络博物馆制作音乐传承纪录片，并在教学平台中以及自媒体中分享，形成技术与工程教育和艺术人文教育的融合。这样，学生的学习兴趣不仅存在于课程开设期间，还延续到今后的学习和工作中。通过这个教学实践，凸显了艺术类课程上线的重要价值，实现了安德森所说的"人们用数字化工具在线制作可以触摸的实实在在的物体"的设想。

第六章

未来高校美育的发展策略

第一节 构建美育德育一体化课程

一、高校美育课程内容框架设计

(一)理论与实践两部分内容

高校美育课程是针对所有专业大学生开设的公共基础性课程,因此选择的课程内容不太过专业、晦涩,理论知识部分只选择基础的理论知识就好。高校美育课程应包括基础理论和审美实践两部分内容。学生只有学习了理论知识才能指导审美实践,因此,理论知识的学习是进行审美实践的前提条件。反之,只有通过审美实践才能更好地理解理论知识,美育应更加注重实践在课堂教学中的作用。高校美育课程要树立学生正确的审美观,以培养学生的审美能力,丰富学生的感性世界,从而实现人格的完善。这些目标的达成都需要通过审美实践活动来实现,学生只有在审美活动中才能得到发展。通过欣赏多种美的事物,提高审美判断力和鉴赏美的能力,进而使学生能够辨别美丑,树立正确的审美观。因此,在课程内容的选择与组织上,要遵循理论与实践相结合的原则。基础理论部分应包括美学与美育的基本理论知识,以及各种类型美的基本知识。实践部分包括各种美的鉴赏和创造活动。这两部分的内容不是相互割裂的,而是相辅相成融合在一起的。

(二)美学理论知识的内容

美学是哲学的一个分支,其主要的研究对象是美和艺术。高校美育课程是面向全体高校学生的课程,因此应选择最基本的美学知识。美学知识的学习是为审美鉴赏与树立正确的审美观奠定基础,在选择美学知识时应选择有指导意义的入门知识。学生通过对美的基本知识的学习,认识什么是美、美的特征、形态和范畴,才能做出审美判断,进而才能树立正确的审美观。因此,在美学基础知识的学习中,应有美的本质、美的形态、美的特征和美的范畴等内容。美学其他部分知识的学习,如审美经验、审美情感、审美趣味、审美创造等方面的知识,大多是从审美心理的角度来分析人的审美活动,以及探析人的审美活动的产生与发展。这些知识太过专业化,对人正确审美观的确立、审美能力培养和人格的完善作用不大。并且这些理论知识多集合了各家之言,在学术中还没有形成定论,作为美育内容来学习也太过晦涩艰深。

(三)美育理论知识的内容

美育基础知识的学习在高校美育课程内容中虽不是主要地位,但也是有必要的。之所以说美育基础知识不是课程内容的主要部分,是因为高校美育课程并不只是针对师范专业的学生开设的专业课程。可选择美育基础性知识进行学习,加强学生对于美育的认识和了解。之所以说美育基础知识的学习是有必要的,是因为现今人们对于美育还存在很多误解,大多将美育视为德育的手段,或者简单地认为美育就是学校开设的艺术课程,因而无法正确且全面地认识和了解美育。在美育基础知识的选择上,应遵循基础性的原则,目的是使学生认识和了解何为美育。因此,美育基础知识应包含美育的含义、美育的途径和美育的功能等知识。

(四)各种类型美的理论与审美实践的内容

高校美育课程主要是通过审美活动来实现,因此各种美的鉴赏与创造是其课程内容的主要部分。要想对各种形态的美进行鉴赏,前提条件是要认识和了解各种美的基本知识。通过对各种美的涵义、特征、形态、要素等知识的学习,积累一定的理论知识,为审美实践奠定基础。美的形态可以分为自然美、科技美、社会美和艺术美,高校美育课程内容的审美实践部分也将从这四个部分选择。由于自然美和科技美的审美创造很难在课堂教学中实现,因此在审美实践部分主要是对自然美和科技美的鉴赏。社会美可以通过对自身形象的塑造来实现审美创造,而艺术美可以通过艺术创作来实现审美创造。由此可以得出高校美育课程内容的基本框架如图 6-1 所示。

首先,高校美育课程内容的基本理论和审美实践内容是相互融合的关系,在课程内容的组织时要避免出现两部分相互割裂的状态。其次,图 6-1 只是展现了高校美育课程应当具备的内容,但在具体课程实施中,可以有所侧重,也可以有所添加。如在审美实践部分对自然美、科技美、艺术美和社会美的鉴赏与创造,可以全都涉及,也可以有所侧重的选择一种美的形式来作为课程的主导,其他部分为辅。最后,在基本理论部分对于理论的学习也可以根据课程时间、学生审美素质和课程内容安排等情况,适当增加或减少。

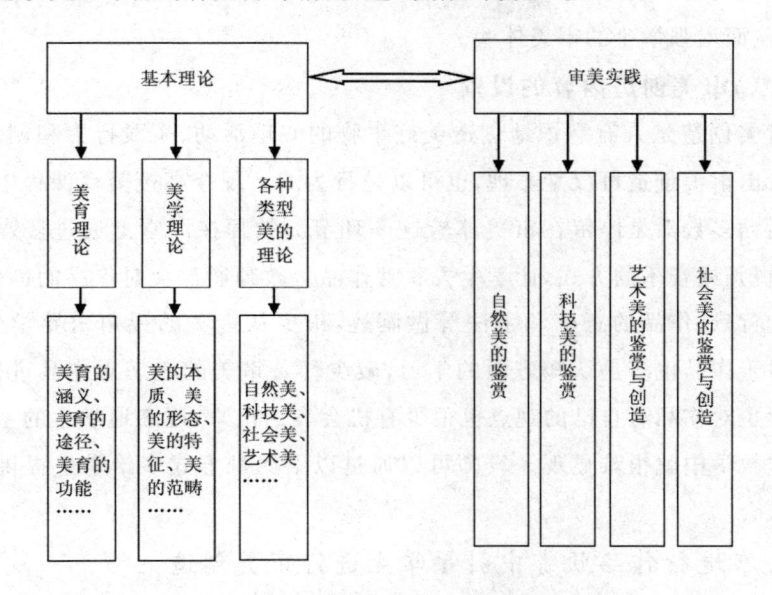

图 6-1　高校美育课程内容基本框架

二、注重审美实践内容的设置

高校美育课程的审美实践内容主要包含了审美体验和审美创造两部分内容。

(一)审美体验内容的设置

审美体验是指审美中主体心理、情感投入、体悟、拥抱对象的心理活动和审美经验。其过程是通过直觉、认知、想象、理解、移情,发现对象与自我的精神需要、观念、价值、情感、情绪同一性、相似性,其结果是在对象的情感交流中产生感同身受、同情、愉悦、欢乐等情感情绪,乃至产生高度兴奋、物我两忘的高峰体验和美感极致。审美体验的获得需要主体对审美对象进行观察、触碰或聆听,然后以直观形象的方式呈现给学生。因此,审美体验主要通过对美的事物的欣赏来实现。

要增强学生的审美体验有两种方式:一是在课堂教学中适当增加审美实践

活动所占的比例,将基本理论的讲授与审美实践活动相融合,在基本理论的讲授中也有审美实践活动。通过数量的积累,来达到质的飞越。二是通过精心筛选和安排作为审美对象的内容,从而带给学生最好的审美体验。在有限的课堂教学中为了能使学生有更好的审美体验,就要选择符合大众审美标准的且具有代表性的美的事物。同时,选择贴近学生生活的事物,容易与学生情感上产生共鸣,从而增强学生的审美体验。

(二)审美创造内容的设置

审美创造是人有意识地创造美好事物的心理活动、实践行为和创新成果。可以看出审美创造可以是心理,也可以是行为的。现今高校美育课程中的审美实践活动多数只是停留在审美体验这一环节。教师在课堂上通过多媒体播放图片、视频或音乐的方式,让学生去欣赏作品。教师通常会对作品的创作背景、作者的背景、作品的意蕴和手法等做阐述,很少从审美的视角引导学生欣赏。学生对于作品也多是认知方面的学习,较少怀着审美的心态对作品进行体味。即使学生对作品有自己的观点也很少有机会表达出来,逐渐地学生的主体地位在课堂教学中就很难显现。教师可以通过以下两种方式多给学生提供审美创造的机会。

1. 在进行作品欣赏中引导学生进行审美创造

在审美过程中通过对事物的欣赏,产生自己对于作品的感受、理解与评判,同样是审美创造的表现。教师可以在呈现作品时适当地引导学生进一步的思考,如询问学生对作品的理解,作品给他们带来的感受,或认为事物之所以美的原因。

2. 可以通过布置课后作业的形式来弥补课堂教学审美创造的不足

教师可以针对本节课内容,给学生安排适当的作业。需要注意的是:作业的内容要是学生感兴趣的,能够引起学生创作的欲望;同时要考虑到学生所拥有的资源,用到的工具需要是每位学生都有的;作业的形式要更加的大众化,要考虑到全体学生的能力。

三、注重内容的综合性

美育本身具备综合性的学科性质,是由美学、教育学、文学、艺术学、心理学等多个学科交叉形成。同时,美育内容需要在美的事物中进行选择,而美的事物范围较为广泛,囊括所有领域的各个方面。因此,美育内容的选择和设置必然要突出其综合性的本质。下面对高校美育内容如何实现综合性提出具体的建议。

（一）课程内容的学科综合

高校美育课程内容的学科综合就是指美育内容由不同学科领域的知识组合而成。美育内容可以是不同形态美的综合。美育内容是从美的事物中进行选择，美的形态包括自然美、社会美、艺术美和科技美，美育内容可以从以上不同领域进行选择。美育课程内容的设置可以是以上四种美的内容的组合，也可以是只选择一种或几种的组合。在进行美育内容的设置时不必做到面面俱到，但都有所涉及可能会使各部分内容都不深入，因此选择一到两种为主其他为辅最为合适。

选择一种美的形态的内容作为主导性内容，将另外几种形态美的内容融入其中，这样的课程逻辑性强，课程结构清晰。根据教师自身的专业情况和学校情况有所侧重地选择美育课程内容，从一个角度入手其他各种形态美为辅，如以社会美为中心进行课程内容的设置，将艺术美、自然美和科技美的内容融入其中。社会美中涉及自身形象美和生活美，形象美包括服饰设计和搭配，生活美包括室内装潢和家具用品的设计，这些内容都与艺术相关，可以将艺术美的内容渗透到社会美中。社会美中有关生活环境和休闲娱乐的部分，生活环境也包括自然环境，如林中木屋、海滨别墅、草原的蒙古包等，人生活在大自然之中，所以社会美也涉及自然美的内容。现今科学技术发展迅猛，科技产品在生活中无处不在，给我们带来了诸多便利，已经成为日常生活中必不可少的一部分，因此社会美中也可以融入科技美的内容。这些内容都与现代生活息息相关，更能与学生引起共鸣，加深学生对于各种美的感受。

有些高校是非综合性院校，如工程类、政法类、医学类、师范类等不同类型的高校。高校中的教师大多从事一个领域地教学和研究，则可以根据教师自身情况选择教师擅长的专业以作为美育内容，使美育课程成为专业课程体系中的一部分，既可以提高专业课程的趣味性，增加学生对本专业学习的兴趣，又可以使学生从美学角度加深对于本专业的了解。这种模式的不足在于会降低课程内容的丰富性。美育与各专业相结合的模式，可能会使课程中心不好把握，但过分注重专业教学会阻碍美育目标的实现。这就需要教师对美育目标有准确的认识，使专业知识与美学知识相互协调。

高校美育课程在现实情况下受到师资和教学资源的影响,可能无法实现多个领域内容的综合。当今高校开设的美育课程,多是特定艺术形式的鉴赏类课程,这些课程趣味性强,受到广大学生的喜爱,如影视鉴赏、绘画鉴赏、音乐鉴赏等课程。可能在课程内容类型上略显单调,但可以从风格、年代和流派等方面增加其多样性,使学生获得较为全面的审美感受。

(二)课程内容的时间综合

高校美育课程内容的选择从时间的综合性来看,是指美育内容的选择要兼顾时代性与经典性。大学生是大众文化的主要受众群体,也是走在时代前沿的一代,他们追赶时尚并创造时尚。高校美育课程内容要想能够引起大学生的兴趣,必然要选择具有时代特性的美的事物。选择具有时代特性的审美对象,一是可以从社会生活中进行选择。如现今流行的服装款式、家居用品的设计、学习用品的设计等,生活中的方方面面都有艺术的痕迹。这些事物与学生的生活密切相关,均能够引起学生的兴趣。流行的事物并不都是美的事物,通过教学可以正确地引导学生理性地对待潮流。二是可以从艺术领域中进行选择。艺术源于生活,是现实生活的升华。选择当今艺术作品,不仅使学生了解当今艺术发展的情况,还能够透过作品体会背后反映的社会现实。除选择具有时代特征的内容外,还要选择经典性的美育内容。首先,与那些瞬息万变的时代潮流产物不同,经典是经受了时间考验,是被各个时代、各个阶层的人认可的美的事物。这些美的事物经久不衰,给人带来最震撼的审美体验。其次,教育需要在有限的时间内,传授学生最有价值的知识,美育同样如此。人类自存在起就开始了探寻美的道路,而且留下了众多作品。高校美育需要在其中选择精华,才能最大限度地实现教育目的。

四、将美学理论与审美实践的内容相结合

美学是专门研究美的科学,随着多年的研究和探索产生了一系列关于美和审美的理论。不同学者从各个角度揭示美的本质,探索审美活动中的各个方面,指出审美与各个领域之间存在的关系。美育与美学有着紧密的关系,美育是审美的教育,是学生通过审美活动了解什么是美和如何审美的过程。美学作为研究美与审美活动的科学,是进行审美活动的理论基础。审美实践活动需要在美学理论的指导下才能更有效,使审美实践活动才有所依托。

(一)课堂教学中的理论与实践相结合

在现今的高校美育教材和教学中,美学理论大多与审美实践相分离。教材

中涉及美学理论的知识大多在前两章,而审美实践内容则分布在课程的后半部分。学生进行学习时由于前面的知识已经隔得时间较久,造成在审美实践活动时已经无法将美学理论知识与审美实践活动相结合,并且不利于将美学理论应用于审美实践之中。

1. 在进行真正审美实践活动之前先对何为美进行初步的认识

通过对美的本质、形态、特征和范畴的学习,使学生对"美"有基本的认识才能真正开始审美实践。在学习这些理论的同时要结合审美实践进行,使枯燥乏味的理论知识更容易被理解和记忆,并能通过审美来验证理论的真实性。需要指出的是,基本的美的理论并不只是出现在课程的开始,它还要出现在课程的全过程,所以教师要有意识地将其与之后的审美实践活动相融合起来,加深学生对于理论的理解与运用。

2. 在审美实践活动中进行美学理论的讲解

如对自然界中一棵松树进行欣赏的同时,引出一个美学中有关审美对象的理论:面对同一个审美对象,所持有的态度不同就会有不一样的结果。朱光潜曾指出,假如一位木商、一位植物学家和一位画家,三人同时来看这棵松树,三人看待树产生的想法会完全不同。木商会从使用的角度考虑如何使用它,植物学家会想到松树的植物特性与类属,而画家会以审美的角度欣赏它。通过这种方式在欣赏松树的同时,讲授相应的美学理论知识,使学生进一步了解何为审美。除此之外,松树可以给人带来苍劲有力、坚强不屈的感受。如何解释这种对于审美对象拟人化的感受,可以通过里普斯的"移情作用"来说明这一现象。

(二)课堂教学外的理论与实践相结合

除要加强课堂教学中美学理论与审美实践相结合外,还要通过课外教学的方式进一步实现理论与实践的结合。课堂教学中的审美实践虽然与文字论述相比较为直观,但也不是跟审美对象的直接接触,大多是通过多媒体进行呈现。为了能给学生带来更加直观的感受,可以通过实地去参观画展、观看话剧、去电影院欣赏电影、参加音乐会等方式以丰富高校美育课程内容。教师的课堂教学环境本身不利于审美活动的展开,但将其置身于画展、音乐厅、剧院等环境中,感受其中特有的艺术氛围,人自然会用审美角度去体会,这能给学生带来更好的审美体验。带领学生走出校园去参观是一种方式,而另一种方式是将高校美育课程与高校现有艺术资源相结合。开设了艺术专业或设立艺术团的高校,应充分利用高校现有的艺术资源。将高校美育课程与艺术团或艺术学院举办的活动相结合,让高校美育课程的学生也有直接接触艺术作品的机会。

美育必须通过审美实践活动以带给学生不同的审美体验,才能实现其提高学生审美能力,进而促进学生感性世界发展的目的。因此,美育课程应以审美实践为主,辅以必要的美学理论知识的讲授,将审美实践与美学理论知识融合在一起。这种方式对教师的要求较高,需要其不仅具有审美的敏感性,还要具备较好的美学基础,能够将理论与实践很好地融合在一起,用通俗易懂的方式表述出来。需要指出的是,在审美实践中虽然要与美学理论相结合,但也不能过分注重对理论的讲授,使课堂变得晦涩艰深,削弱了学生的审美体验。这对一位教师来说无疑是一种挑战,但这种方式的教学能够收到最佳的教学效果,因此值得做出尝试。

五、在学科渗透中落实"大美育"理念

美育不仅是美育课与思想课的任务,也需要在其他学科中加强美育。

(一)言传身教,让教师成为传播美的使者

敬爱师长,是中华民族的传统美德,"学高为师,身正为范",三尺讲台上的优秀教师就是学生的榜样。在日常的教学活动中要重视发挥教师的示范作用,除具备本专业的教学能力外,还要不断提升高校教师的综合素质。大学生与中学生不同,学习与生活的大部分时间都在校园中进行,所以教师不仅要在上课时做好榜样,还要在行为举止、着装谈吐、精神状态等各方面言传身教,引导大学生树立健康、正确的审美观。教师的一举一动、一言一行都尽收学生眼底,作为教师应该从点滴细节做起,衣着得体、举止文明、语气温和。同时,还要用渊博的学识、无私奉献的精神、高尚的道德情操帮助学生树立正确的思想观念,起到榜样作用。

(二)将"大美育"的思想落实到位

将美育功能巧妙地融入各个学科之中,让美育更加立体,从而促进学生人人崇尚美、向往美。首先,在日常的教学活动中融入美育思想,从一点一滴做起,从养成良好的行为习惯做起。按时上交作业、认真学习、不迟到早退、举止优雅、言行得当。其次,可以将审美教育与德育有机结合起来,通过言传身教在潜移默化中使大学生树立远大志向,对人生有目标,做一个有理想、有追求的当代大学生。

(三) 在教学内容上引导人们向往真善美

以文学、数学、外语专业为例,文学相关专业可以以经典诵读为突破口,推进书香校园建设,逐步将读书融入自己的生活之中,潜移默化地养成阅读的习惯,起到陶冶情操、美化人格的作用;数学学院的学生可以将数学问题生活化,让学生体会到数学对我们生活的作用,感受数学的魅力;外语学院可通过欣赏国外原声电影、阅读原著欣赏世界文化之美。与此同时还可以做中华文化的传播者,让更多留学生喜欢中国文化。其实美无处不在、无时不在,但这需要教师与学生都有一双善于发现美的眼睛。美育需要环境、需要氛围。美育不仅是艺术专业的事,对于构筑良好的美育环境以全方位促进学生审美水平及能力的提升需要各个学科专业的老师与同学一起共同努力。

第二节　完善体制机制

一、加强主体认知引导

(一) 自觉加强文化修养,提高审美认知

审美认知在审美活动中形成,并在审美个体的审美活动中起支配作用。当代大学生只有提高自身的审美认知,才能够形成正确的审美心理,进而抵御外界的冲击,避免出现审美偏差。"美育者,应用美学之理论于教育,以陶冶感情为目的者也",这要求美育的开展要以一定的美学理论为指导。

大学生要通过自觉加强文化修养,主动接受美学理论知识的熏陶以提高自身审美修养,并且能够有计划、有目的地根据自身成长和发展进行自我教育,最终形成符合自身个性的审美特质。大学生在发现美、认识美、创造美的过程中如果缺乏美学理论作为审美指导,那么对美的理解往往就会停留于事物表面的认知,形成盲目、空洞、肤浅的审美,且缺乏更深层次的感受与理性思考的升华,因此当代大学生应自觉加强文化修养,努力提升自身美学素养,进而树立正确的审美认知和审美心理。

(二) 正确认识践行美育,发挥"综合中介"作用

"现代教育改革的中心课题是克服所谓'智商'测试为标志的'唯智主义',走向人的全面发展"。当代以素质教育代替应试教育已经成为人全面发展的必然选择,美育作为素质教育的重要组成部分,其"价值和功能突出体现为对德智

体等其他各育的渗透协调作用,是德智体等各育的'综合中介'"。

在素质教育中,美育与德智体劳既相互区别又相互联系,既相互渗透,又相互促进。在德育中运用美的方式,将理性的道德灌输转化为生动的形象,使道德说教转变为道德情感;在智育中通过美的启发,激发大学生学习的热情,在追求美的过程中发现科学真理;在体育、劳育中通过美的建设,使大学生达到健美的体魄和身心的健康。面对中华民族伟大复兴的历史重任,大学生需要的不仅仅是科学知识和专业技能,也需要有其他各育的有力支撑。因此,要充分发挥美育"综合中介"作用,使大学生在思想品德、知识技能、生理心理都得到自由、和谐的发展,从而培养出全面发展的当代大学生,共同为实现伟大的中国梦持续发力。

二、美育教育当代转向

(一)加快美育理论与美育实践相融合

美育对高等教育而言有着不可替代的作用,但当下的教育过程中美育存在着理论与实践相脱节的情况,要想系统有效地实施大学生美育,就应加快美育理论与美育实践的融合,通过理论与实践的融合增强当代大学生美育的实效性。在开展美育教学过程中不仅要高度重视"第一课堂"的建设,通过对美育课程的丰富与创新,为大学生提供充分的美育资源,还要注重与"第二课堂"的衔接,通过结合大学生自身特长与优势,精心策划并开展各种形式的美育活动,将美育理论植入美育实践中,引导学生到文化馆、博物馆、戏剧院等场所,并积极参与书画、文学、艺术等实践活动,在实践过程中来欣赏美、感受美、体验美。同时要积极开发地方美育课程资源,因地制宜地将地方文化、非物质文化遗产等美育资源引流到当地高校的课堂与实践中,形成课堂教学与课外实践相结合、普及教育与专业教育相促进的融合教育,从而达到知行合一的学习效果,使大学生自身的特长和优势得到充分的施展与发挥,丰富大学生的人文精神生活,提高大学生的审美能力,使他们在融情于景的活动过程中潜移默化地接受美的熏陶与感染。

(二)推进美育课程向课程美育转变

"凡是学校所有的课程,都没有与美育无关的"。美育不应仅仅局限于美育课程,而要在教学活动过程中开展以美育为主题的学科教育,充分挖掘各学科中的美育元素,将学科美育元素进行有机整合,实现由美育课程到课程美育的转变,形成富有成效的美育协同育人课程体系。在教学设计上,教学目标要以塑造德智体美劳全面发展的当代大学生为立足点,教学内容要以充分挖掘并发挥学科美育素材效用为重点,教学评价上要以学生精神面貌的改善和人文素养的提升为标准。在教学过程和方法上,教师作为传道授业解惑的引路人,要熟知教材的同时了解受教育对象,做到教学过程中的"真",时刻以立德树人、培养大学生以全面发展为目标,践行教学过程中的"善",只有达到"真"与"善"的统一,才能展现出为人师表的风度美、人格美,并促进大学生课堂中的视听效果,增强教学实践"美"的意蕴。为此要改变各个学科的教学思路,丰富和完善课程美育的实现形式,释放课程美育的活力,将各个学科按照美的规律来塑造,使课程美育更好地适应当代的发展需要。

三、审美精神超越本性

(一)技术附庸回归人文价值引领

科学主义思潮给人类生存、经济发展带来了巨大的推动力,当下的社会运作机制也日趋社会化、精确化、自动化,这深刻改变了大学生的思想观念、交往实践和生存方式。"'文明'和'规训'使现代社会的日常生活越发地趋向于工具理性化,人的情感、价值等非理性因素被压抑和忽视",而美育则从"人的自由解放和生存质量提升"的高度有力回应了技术理性片面发展所造成的人性失衡。通过拓宽美育的活动载体,构建家庭、学校、社会三位一体的美育合力,从而全方位、多层次地提高大学生的审美能力和审美情趣。

一方面,要积极引导大学生追求高雅的艺术生活,通过家庭美育为大学生扣好人生的第一粒扣子,通过学校课程美育的涵化、高雅艺术进校园等活动的开展感染陶冶大学生的情操,通过音乐厅、剧院、博物馆等固定的文化设施来开展社会美育,形成高尚的社会风貌,使大学生得到艺术化的人生,以此平衡技术理性的冲击。

另一方面,要引导大学生追求感性的艺术境界,使大学生自觉向道德境界和天地境界的"实然"方向发展,努力摆脱技术理性所产生的物质、世俗、功利的附庸,从而在现实生活中获得精神的愉悦和诗意的人生。

(二)美育融入学生职业生涯规划

职业生涯规划是大学生步入社会前的必修课,是大学生对自身条件进行综合研判与权衡后,根据个人职业倾向所确定的规划奋斗目标。当下"大学生自身培养目标过于'功利化'易造成'单面人'状况",因此要实现审美能力的培育,就必须从敬业奉献、契约意识、工匠精神等方面引导开展职业生涯规划,使大学生全面认识自我,充分考虑自身实际情况,明确自身兴趣与优势,发挥专业技能特长,引导大学生在就业中实现物质财富与精神财富、个人价值与社会价值的统一。此外,大学生也要在社会实践中体悟美的崇高价值,通过参观革命圣地、参加志愿服务等,提升大学生对爱国、敬业、社会责任感等价值观的理解,领悟劳动的价值,通过社会实践使大学生体会到幸福是奋斗出来的,让劳动最光荣、劳动最崇高、劳动最伟大、劳动最美丽蔚然成风。

四、坚定文化自觉自信

(一)以中国特色社会主义先进文化筑牢文化自信根基

随着经济全球化的不断深入,世界各国交流互鉴频繁,当代要结合大学生的精神文化需求,紧扣学生发展目标,充分发挥新时代中国特色社会主义先进文化的美育作用,筑牢中华民族文化自信的根基。五千多年文明发展中孕育的中华优秀传统文化,在党和人民伟大斗争中孕育着革命文化和社会主义先进文化,积淀着中华民族最深沉的精神追求,代表着中华民族最独特的精神标识,这一文化体系中包含了中华民族深邃而精炼的审美认知和审美观念,如"修身、齐家、治国、平天下"的优秀传统文化,"红军不怕远征难"的革命文化,"鞠躬尽瘁为人民"的社会主义先进文化,这些都彰显了中华民族美德和民族精神。

中华民族美育思想博大精深,源远流长,当代大学生的美育要从中国特色社会主义先进文化中汲取养分,结合基本国情、社会发展和时代需求赋予美育新的时代内涵与践行方式,同时运用喜闻乐见的方式感染大学生,综合利用网络、新媒体、慕课等多种途径开发美育的形式和载体,积极引导广大学生正确认识历史的发展规律,准确把握我国的基本国情,高扬民族精神旗帜,弘扬民族风情个性,传承民族文化基因,不断展示中国特色社会主义的道路、制度、理论、文化之美,不断强化当代大学生的文化基因认同、民族认同,不断增强当代大学生的民族自信心和自豪感。

(二)讲好中国故事,引领文化新风尚

在21世纪的今天,信仰失落、人性扭曲、价值虚无的问题日益凸显,"如果'以洋为尊''以洋为美''唯洋是从','热衷于'去思想化''去价值化''去历史化''去主流化'那一套,绝对是没有前途的!"当代中国要讲好中国故事,通过扎

根时代生活,以中国故事为抓手,充分挖掘、提炼中国故事背后的中国基因和中国精神,让中国故事感染学生、影响学生、感动学生,让当代大学生在中国故事的鲜活事例中感受中国发展建设之美,使中国故事的精神凝聚当代大学生的爱国情怀和民族情感,激发大学生的民族认同,提高国家软实力。"我们要坚守中华文化立场、传承中华文化基因,展现中华审美风范",表达中国内涵,引导大学生运用当代中国的视角回顾中国的历史、世界的历史,用当代中国的眼光展望中国的未来、世界的未来,"通过美育这一现实的手段融入国人的血液之中,慰藉着现代中国人的心灵,支撑着国人的信仰世界",实现对文明冲突论以及西方中心主义的超越,引导当代大学生真信、真学、真懂,知行合一,以中国思想、中国思维、中国理论总结中国经验,彰显中国话语。

五、实现高校美育协同进化

高校美育资源的分布不平衡,直接影响着不同区域内美育发展的不平衡。要解决高校美育资源分布不平衡的问题,可以从以下两个方面来解决。一方面需要政府和教育主管部门调整美育资源的分布,做到合理分配;另一方面,不同地域、不同类型的高校之间应当建立协同共生机制,以促进不同地域、不同类型高校之间对于美育资源的优势互补,提升各高校间美育资源的共享力度。

(一)合理分配高校美育资源

高等教育的不同生态区域由于思想观念、经济发展水平不同,其高等教育资源的分布也不同,同时美育资源的分布也同样受限。在我国,一些比较发达的城市,由于其发展比较迅速,公众思想观念普遍超前,一些优秀的艺术院校,知名的艺术人才汇集于此。而且,这些城市高校的美育资源就相对充足。无论是美育师资还是美育教学设施设备,相对来说都更加完善。虽然没有差异会导致高校美育的重复建设和资源浪费,但是差异过大则造成了高校美育发展的失衡,这在一定程度上影响和制约着教育系统的良性发展,也不利于高校美育整体的持续发展,进而影响我国高校美育的整体水平。所以出于保证整个美育生态系统的平衡考量,必须对美育资源进行合理的分布调整。这就需要用宏观调控的手段,必要时采取行政干预的方式,使不同生态区域的高校美育优势互补、协调发展。各级政府应当提高对于美育育人功能的认识,积极调整高校美育资源在地区内和高校间的合理分配,以加强对薄弱地区和薄弱高校的资源流动。

(二)促进高校间协同进化、实现优势互补

由于一个地区、某一所高校所拥有的美育资源毕竟有限,但是不同生态区

域、不同高校的资源却具有很强的互补性。因此,要使高校美育取得良好的效果,则不同地区、不同高校之间必须不断进行动态交流,实现优质美育资源共享。积极消除因各地区经济发展不平衡等原因而导致的美育资源供应上的差异,在教育生态学上具有重要意义,它有助于各地区的教育生态系统平衡发展,使不同地区的个体都能有平等的机会接受同样良好的教育。例如,针对目前高校美育师资短缺、美育教师专业素养偏低的状况,江苏省各高校之间就成立了高校公共艺术教育师资培训基地,针对目前高校开设的公共艺术课程,陆续举办了音乐与舞蹈教师培训班、戏剧与影视教师培训班、美术与书法教师培训班、美育与艺术理论教师培训班等,以此服务于公共艺术教育教师培训。

(三)优化美育生态环境,促进高校美育持续健康发展

高校美育生态环境的优化需要上下联动、内外协同。

1. 从政府层面来说

应当为高校美育资源的建设提供一个相对良好的制度环境。高等教育的发展方向受制于国家政策的引导,所以,美育能够在高校实施也需要国家教育制度的引导,为其创建一个相对公平、宽松的环境。只有这样,才能为高校美育的发展争取更多有利的资源,才能为其找到合适的生态位,从而保证高校对于美育系统物质、能量、信息等的输入的稳定与持续。

2. 对于各高校来说

①应当不断加强对于美育育人功能的认识,充分了解美育在人才培养中的重要地位,成立实体性的美育教研机构,拨付专项经费,并按照要求配齐配足美育师资。

②各所学校应当根据自己的实际状况,明确美育在学校不同阶段的发展状态。主要从以下两方面来入手。一方面充分利用本校优势力量,结合美育需求开设独具本校特色的美育课程。另一方面,积极加强与不同类型高校之间的联系,充分结合彼此优势,取长补短,互助互益,打破花盆效应,促进美育资源共享力度,为美育在高校的开展争取到更多的资源,进而促进高校美育的持续健康发展。

3. 从教师层面来看

作为高校美育资源中的关键资源,其对于高校美育资源的建设也存在着巨大的影响。美育教师是美育思想的传播者,也是美育思想的建设者,学生通过美育课程接受美育教师的教育，以提升自己感受美、欣赏美、创造美的能力。所以，美育课程内容的好坏、方法的适当与否都直接来源于美育教师专业素养的高低、认识程度的高低。针对当前我国高校美育开展的实际状况，首先，美育教师应当不断加强对于美育教育教学规律的认识，不断加强对于美育知识的学习，拓展学习视野，不断提升自身专业素养，提高个人专业水平。其次，美育教师应当认真调查、了解当前学生对于审美教育的需求，明确美育的对象，合理设置美育课程，正确掌握科学的美育教育教学方法。"上下同欲者胜"，只要各级政府、各高校和美育教师都重视美育、关心美育、支持美育资源生态化建设，不断扩大美育资源的有效供给，同时注重美育资源的平衡分布和有效利用，坚信经过若干年的努力，我国高校美育生态现状一定会有大的改观。

第三节　提高教师美育素养

注重大学美育的品质发展，既是大学文化发展的必然逻辑，也是"大学人"自身发展的共同愿景。在现代中国社会的发展中，美育正担负并扮演着较之以往更有意义的任务与角色。它使人的情感具有文明的内容，使人的理性与人的感性生命沟通，从而使人的感性和理性协调发展，塑造出一种健全的人格。其"不仅是为着简单的政教目的服务，而是具有了人类学意义上的个性解放、人格开放、完善现代生活质量的意义"。

因此，高校美育教师能否以一种世界性的眼光来审视高校美育的发展现状，能否在深入探究、挖掘美育所具有的人文内涵和价值基础上，充分借鉴中国美育思想与国外美育教育成功经验，实现美育方法论与美育实践的有机结合，对学生群体能否有效增进人与人之间的相互理解，能否真正融入、有效地服务现代社会。主要从以下几个方面来解决此问题。

一、教师自身的美学素养和实施美育的能力

作为教学活动的主要实施者，教师自身美育意识的淡薄，审美能力的低下，势必造成发现美、传递美能力的缺失，自然而然会阻碍美育的开展，也不利于学生综合素质的形成及完美人格的塑造。因此，高校美育师资队伍建设在强化个体自身综合素养的同时，更应强调教育资源的优化整合、资源配置最优化，以强调团队成员间的优势互补、合作共享与互融作用。应针对目前存在的诸如运行

机制缺乏前瞻性、系统性与周密性的特点,以及课程体系、育人理念、师资结构不足等问题进行解决。

公共艺术教育是学校美育工作的核心组成部分,它的教学水平和开展状况直接影响着美育工作的成效。高校应加强学科统筹,"走出去,请进来"。在推进学校艺术学科与其他相关学科的有机融合层面,强化真正的美育是将美学原则渗透于各科教学后形成的,兼顾知识和发展,旨在提高学生整体素质的教育理念。中国艺术研究院的李岩先生,曾对蔡元培所提及的属于"美育"教育课程的,诸如图画、游戏、唱歌等内容分析后有定论,认为:"他所言称之'美育',是一种'大美育'。"因此,高校美育课程体系应在整合各个学科的特长和优势基础上,整合多地高校、地方艺术院团、艺术家、民间艺人等多方力量,多渠道充实美育资源配给,形成育人的合力,进而更好地发挥美育对于"立德树人"的特殊功能。联合和依托各级文化部门,充分利用当地各种文化艺术场地资源,开展艺术教学和实践活动。依托国家实施的"宽带中国"战略,加强美育信息化建设,扩大优质教育资源覆盖面,以建立开放灵活的艺术教育资源共享平台,让全校师生都能感受到优质美育资源的当下美育改革的燎原之势。

二、完善美育评价体系

当代高校美育评价体系是全面加强和改进当代高校美育工作的应有之义。当代高校美育评价体系建设要从思想引领、体系健全、方式创新及技术支撑四个方面着力推进,努力培养心灵美、形象美、语言美、行为美的当代青少年。

(一)立德树人理念引领高校美育评价观念

高校是培养具有崇高审美追求与人格修养的高素质人才的主阵地,因此提高高校美育工作质量刻不容缓,而这就离不开系统全面的美育评价体系。北大师生的座谈会曾指出:"要把立德树人的成效作为检验学校一切工作的根本标准,真正做到以文化人、以德育人。"美育评价体系作为高校美育工作的重要组成部分,"立德树人"既是检验其科学性、全面性、客观性的根本标准,又是明确其改进方向的指导理念。当代高校美育评价应将"立德树人"理念贯彻到评价过程的始终,以立德树人理念为指引,确保高校美育将"立德树人"作为自身工作的根本任务。因此,必须将"立德树人"作为美育评价体系的根本标准,这是培养具有崇高审美追求与人格修养的社会主义建设者和接班人的根本遵循。

"立德树人"是当代高校美育工作的根本任务。"树人"是指教育要以人为

第六章 未来高校美育的发展策略

本,以促进个人的全面发展。当代高校美育评价体系要以全方位育人的理念为指导,更加注重对大学生美育实践及人格修养的评价。全方位的高校美育评价体系既包括对学生参加艺术审美实践和练习艺术专项特长的评价,又包括对大学生道德品质与人格修养的评价。应该鼓励学校与社会公共文化艺术场馆、文艺院团合作开设美育课程。整合校内、校外资源开展美育实践活动。校内外美育资源是大学生参与美育实践的必要条件,而全方位评价体系是高校美育质量的重要保障。高校要组织大学生每年定期参加艺术审美体验的实践,可以由老师带队组成大学生艺术审美体验团队,参观博物馆等场所,让大学生实际参与到这些场所的工作中。大学生在参加美育实践后,要完成美育实践体验报告。带队老师可根据学生在美育实践体验过程中的行为表现与体验报告的水平对学生美育实践进行评价。此外,高校要充分挖掘本地特色美育资源,将特色美育资源融入高校美育工作,以培养学生掌握当地特色艺术,提升学生的审美素养。

(二)校内自评与校外他评相结合

评价并不是外在于人的纯客观过程,而是参与评价的所有人,特别是评价者与被评价者共同做出的,是不同主体交互作用的"产物"。当代高校美育评价体系的构建包含从学校领导到学生的校内自评体系与从政府到社会的校外他评体系两大方面,力求美育评价主体的多元化与美育评价内容的多样性。校内外相结合有助于丰富高校美育评价的内容与评价主体,为构建当代高校美育评价体系提供综合支撑。

在校内,学校领导要走进美育教学、管理和校园美育文化建设等各项美育工作中。只有实际参与到学校美育过程中,学校领导才能对本校美育质量给予比较全面的评价。学校领导在发现本校美育工作有漏洞时,要尽快形成美育评价报告,及时召开美育工作改进会议,出台本校下一阶段美育工作的改革方案。评价报告及拟定的美育改革方案都要在学校官网公示,达到评价工作的公开化、透明化。教师要根据自身职责从不同角度对学生审美与人文素养进行评价。美育教师既要对学生课上艺术知识与技能进行评价,又要对学生课下审美实践表现进行评价。另外,美育教师是落实美育工作的主力军,因此还需要对美育教学资源进行评价。教师通过在教学过程中掌握和使用美育教学资源,对本校美育资源是否充足进行评价。辅导员通过大学生在日常生活中的行为素养与人格品质去评判他们的审美追求与人格修养的提升,每次评价都要将大学生入学初的审美与人文素养水平作为参考,着眼于对大学生美育素养提升的长期性评价。学生评价以同学互评为主,学生根据对同学的接触与了解进行互评。同时,要求学生参加对老师、学校美育工作质量的评价。

在校外,国家教育部门要制定规范高校美育评价的相关法规,制定全国统一的高校美育评价标准,从全局上把控我国高校美育评价建设。地方教育部门应要求高校在学年结束时上报本校校内美育评价年报,以检验其校内美育评价成效。同时,各地教育部门应组织聘请美育领域的专家学者,组成专家团队,深入高校内部考察调研,改变以往单纯地审阅美育工作材料的传统方式。通过专家团队实地考察,结合对政府教育部门大数据平台中的数据进行分析,对本地高校美育工作做出综合评价。高校应与社会第三方评价机构开展深入合作,签订合作协议。第三方评价机构根据行业要求与自身评价标准,建立独立于政府与高校之外的评价体系。第三方评价机构通过更加专业化的评价体系,以政府和学校评价的薄弱之处为发力点,给予高校美育工作客观评价。此外,第三方评价机构经由高校许可,可派出评价小组入驻高校内部,这些小组可以不定期对高校美育教学、管理和文化建设进行评价。通过长期入驻,这些小组才能够对高校美育工作进行客观合理的持续性评价。

(三)打造注重大学生长期发展的过程性评价

传统的高校美育评价更关注大学生美育评价的量化结果,而不能深度把握大学生审美素养与人格修养的持续性发展情况。当代高校美育评价体系需构建以尊重大学生美育发展目标、契合美育长期性特点、注重大学生审美素养与人格修养动态提升的过程性评价。

高校要构建基于大学生美育发展目标的过程性评价,尊重其审美素养的个体差异。我国高校美育的最终目标是培养具有崇高审美追求与高尚人格修养的高素质人才。在这一总体目标要求下,高校应尊重大学生的个体性差异,有针对性地制定大学生美育的目标。在大学生入学时,辅导员需要与学生进行沟通,制定大学生个人的美育培养方案,商讨大学生期望达到的审美素养与人格修养目标,使高校美育评价的标准和大学生美育的现实诉求同频共振。在校期间,高校根据双方商定的方案与目标进行长期培养。辅导员可随时与大学生进行沟通,以调整学生某一阶段的短期美育目标,使其更加合理,有助于实现大学生的自我预期。在大学生毕业时,对大学生是否达到入学时制定的美育目标进行评价,既保证了大学生成为国家所需要的高素质人才,又尊重了大学生审美水平的个体差异。同时,高校要构建大学生从入学到毕业的过程性评价,以发挥美育评价的长效作用。辅导员在大学生入学之初要建立其审美素质和人文水平档案。一学年的美育培养对大学生的审美素养提升很有限,因此,要把学生每一学年的美育评价存档作为长期评价大学生审美素养提升的依据。高校应建立大学生从入学到毕业长期性的美育评价档案,对大学生审美素养进行持续性的评价及指导,并将大学生入学时水平与毕业时水平相比较,以此准确地把握大学生审美素养发展与人格修养提升的长期过程。此外,高校还须建立本校毕业生审美素质和人文水平信息库,对本校毕业的大学生进行长期追踪记录,定期对往届毕业生进行抽样线上回访,以巩固高校美育成果。

美育是心灵教育,其效果很难用外化的艺术知识与技能去完全地呈现。因此,高校要构建注重大学生审美素养与人格修养动态提升的过程性评价。要想进行过程评价和多元评价,关键在于突破单一的数量评价体系,引入其他成长性指标因素,对学生的成长过程进行评价。美育教师在教学过程中对大学生的课堂表现及时给予评价,实现教师和学生之间的互动协商。这一评价不是对学生课上积极性的比较,而是对每位被评价的学生个体本身"过去与现在"的成长变化进行比较,从而有针对性地提升大学生的审美素养。辅导员要对大学生从入学到毕业、从周末到寒暑假、从课上到课下的审美表现与人格品质进行评价。过程性评价不是只从过程出发而不关注对结果的评价,相反,辅导员关注大学生接受美育后审美素养与人格修养动态提升的过程性与成长性结果,如大学生在现实生活中对是非善恶的判断能力、学生的想象力与创造力及大学生的历史观、文化观等方面。大学生审美素养与人格修养动态提升的幅度才是衡量大学生审美素养与人格修养成长发展的主要评价标准。

(四)构建科学精准的美育评价大数据平台

高校美育评价体系涉及的评价内容丰富、数据冗杂,用传统的评价方式已难以全面覆盖。"美育评价+大数据"将成为必然趋势。应构建全国性的美育评价大数据平台,发挥大数据评价科学精准的优势,为构建当代高校美育评价体系提供技术支撑。

国家教育部门通过构建全国性的美育评价大数据平台,收录国内各地高校美育工作的数据,继而对高校美育工作进行分析评价。在美育教学方面,平台要收录高校美育教师课题组编写的本学年教学计划、教师个人教案及学生对教师的评价以保证对美育教学评价的真实性与客观性。另外,要对大学生参加审美实践体验以后形成的审美体验报告进行抽样调查,以检验高校安排给大学生的美育实践体验活动是否落实到位。在学年结束时,还要对高校美育试题、大学生日常美育作业进行检查,防止高校美育工作出现僵化现象,避免高校美育工作流于形式。在美育管理方面,各高校应将本校的美育评价报告上传,并将制定的本校美育评价改革方案同时上传。结合专家对高校美育工作的调研结果,以检验高校领导对本校美育评价的报告是否符合本校情况,其制定的本校美育评价改革方案是否有效推进。尤其需要检查其报告和方案中有关美育教师队伍建设标准、学生组织中学生干部的审美与人文素养的相关规定,以此保证学校美育从上到下组织管理的先进性。同时,更加注重辅导员队伍对大学生审美素养与人格修养的评价。各高校要将本校辅导员队伍撰写的大学生美育过程性评价报告上传到政府教育部门的美育评价大数据平台,加强对辅导员队伍美育评价工作的监督与检验。在校园美育文化建设方面,对高校评选的美育之星等学生榜样的个人信息和个人事迹进行审核,力求树立先进的美育典型,最大限度地发挥大学生美育榜样在大学生群体中的带头示范作用。同时,开展大学生对校园美育宣传、美育氛围建设满意度调查,通过调查对校园美育文化建设进行全面评价。

三、优化美育教研团队

高校应以公共艺术课程教师为主导,以非艺术类公选课、学校专业课程教师为支撑,地方艺术院团、民间艺人、各地名师为补充,构建专职、兼职美育教学团队。高校美育事关立德树人大局,高校美育教师应充分利用公共通识课程、公选课程平台,以美育高度惠及最大化受众群体,辅之以个性化的专业性相关课程、校园艺术活动,形成全科课程合力培养的美育改革之态势。在此基础上,积极调动学校优质美育资源的辐射作用,促进地方优秀传统剧种在学校的传承,建构能胜任且具有中国特色的美育课程体系的高校美育师资队伍。

(一)提高教师的政治思想素质,坚持育人为本

百年大计,教育为本。要全面贯彻党的教育方针,坚持育人为本、德育为先,实施素质教育,提高教育现代化水平,培养德智体美劳全面发展的社会主义

建设者和接班人。美育不但起到陶冶情感、培养鉴赏力、提高修养的作用,而且有益于脑部智力开发,是学生全面发展不可或缺的一部分,也具有不可替代的重要作用。

当代大学生对审美判断的标准比较模糊,甚至发生偏差,受多元文化和价值观念的影响,对审美观念的思考和定位也发生了不确定性。所以,美育成为高校教育讨论的中心论题之一,我们要推进素质教育的关键,在于要把美育真正地与各项教育做到相融,并贯彻于整个教育体系过程。积极地适应与推进,让学生文化艺术涵养不断丰富,激发创造与创新的潜能,促进学生综合素质的全方位发展,首先,高校美育教师队伍要提高教师思想素质和职业道德水平,端正思想工作是前提;其次,正确引导学生树立社会主义核心价值观,并贯彻落实于整个教育全过程,培养全方位立体式良好师德师风养成,推动教师成为正确价值观的传播者、拥护党的支持者、学生健康成长的指引者。"德高为师,身正为范",教书育人,全方位营造人文素质的教育环境,教以德为先,高校美育教师不仅要具备扎实的专业基础知识,更应该做到育人先育己,真正做到为人师表。提高教师自身美育修养,做到正身律己,在给学生传授知识的同时更好地传授做人的道理。

(二)提升教师综合素质、专业化水平和创新能力

当代社会,经济不断地快速发展,人民物质生活条件不断提高,在西方社会文化观念影响下,国民素质的提高显得尤为重要。目前,在实施科教兴国战略的当今社会中,高等学校艺术类教师队伍的建设正处在突出位置,同时高校美育教师队伍的综合素质建设也得到前所未有的重视。要构建社会主义核心价值观、增强大学生的社会主义核心价值观,就要改善创新大学生社会主义核心价值观的培育模式,这就要求美育教师不仅要具备较高的、全面良好的综合素养,而且具备扎实的专业基础知识和精湛的教学水平,还鼓励专业教师加强实践教学学术梯队建设,建立健全实践教学管理机制。建立校内外实习、实践基地,充分发挥校内外资源,最大限度地开发教师的实践创新潜能,调动教师自主学习的积极性。

(三)实行线上线下相结合的混合式研修,深化教学改革,强化美育育人功能

网络教育是发展公平教育的有力手段,而优秀师资是发展质量教育的重要保障,充分利用信息化手段,搭建国内外高等学校交流访学平台,通过多种途径提高高校美育教师的整体素质。适当运用新兴网络媒体,实现美育与思想教育的良性互动,将美育研究融入社会主义核心价值观的培育中,提倡因材施教,科学传授,有效开发每一个人的潜质,培养教师创新设计实践研究。

近年来,高校投入大量人力、物力以多种形式鼓励、支持中青年骨干教师出国研修培训,积极派遣优秀教师出国深造,定期研修进修,培养具有国际化视野的师资队伍,提高教师的专业素养,这些均取得了一定的成效。

(四)构建科学的美育课程体系,培养高素质创新型的教师队伍

中共中央、国务院在《关于深化教育改革全面推进素质教育的决定》中明确指出:"实施素质教育,必须把德育、智育、体育、美育等有机地统一在教育活动的各个环节中。"由此可见,要想推进素质教育,则美育是重要的组成部分,充分表明美育的地位和作用,也对未来开展推进素质教育给出了方向,且具有重要指导意义。

高校美育是指利用自然美、社会美、艺术美等美的形态对大学生进行情感净化和性情陶冶,使大学生可以提高感受美、创造美、鉴赏美的能力,培养审美观念、审美情趣、审美理想的教育。通过派遣、合作、进修等培养模式,培养中青年骨干优秀教师,发挥教师的创新能力,提高教师综合素质。开创多方面培养模式相结合的教师队伍建设理念,树立可持续发展的与专业人才培养目标相适应的校企合作运营模式,以科学的实验教学方法,进一步加强美育教育、专业实践能力和创新能力的培育,提高高校美育教育的水平。美育是高校素质教育的重要组成部分。美育也称审美教育或美感教育,是培养学生认识美、体验美、感受美,建立正确的审美观点,提高美的品格、素养、情操及创造力的一种教育。其特点在于以对事物的主观态度和外部情绪表现为媒介,通过多种方式路径在潜移默化中进行教育。美育有着自身独特的教育特性,是实现学生通往完整健康人格的重要路径,是人的全面发展教育中不可或缺的一部分。在素质教育的工作中,美育有着重要的地位与影响,是培养全面型发展人才的重要途径,正因如此,美育的未来发展也更加受到各级领导的重视,这也让各个高校的美育工作拥有了繁荣发展的美好前景。教育从思想的深处开始,美育教学已经是我国高等教育的重要组成部分。

随着我国全面推行素质教育国策,美育的发展已经是衡量其全面素质的标准之一,高校美育在新的历史时期面临新的机遇、新的挑战。当今时代的现实背景下需要各方面全面发展型人才,而且对于人才的培养方向也愈加注重提升综合素质,因此美育受到当今社会空前未有的重视。陶行知先生说过:"千学万学,学做真人;千教万教,教人求真。"高校教师平时就要注意自己的言谈举止,以德为本,遵循教师的师德教育和行为规范,只有不断提升自己的思想内涵和艺术修养,才能更好地为祖国培养现代化高素质的人才。

参考文献

[1]陈明金,肖小宁.素质教育因素研究[M].武汉:武汉大学出版社,2006.

[2]董学文.美学概论[M].北京:北京大学出版社,2006.

[3]杜卫.美育论[M].北京:教育科学出版社,2000.

[4]李泽厚.华夏美学·美学四讲[M].北京:生活·读书·新知三联书店,2008.

[5]顾永芝.美学原理[M].南京:东南大学出版社,2008.

[6]韩望喜.善与美的人性[M].北京:人民出版社,2001.

[7]何齐宗.审美人格教育论[M].北京:人民教育出版社,2004.

[8]蒋冰海.美育学导论[M].上海:上海人民出版社,2001.

[9]李天道.西方美育思想简史[M].北京:中国社会科学出版社,2007.

[10]邱明正,朱立元.美学小辞典[M].上海:上海辞书出版社,2007.

[11]徐娜.高校美育三议:本质意义、价值指向与实践路径[J].江苏高教,2021(6):113-116.

[12]王萌.高校美育的逻辑起点、现实困境及突破路径[J].国家教育行政学院学报,2020(12):68-75,95.

[13]傅琴.新时代高校德育美育协同育人探析[J].学校党建与思想教育,2018(10):24-26.

[14]邱地,谢朝晖.高校美育面临的困境与对策探讨[J].教育探索,2015(6):87-90.

[15]粟嘉忻,娄淑华.新时代高校德育与美育协同发展的价值内涵与实践路径[J].思想理论教育导刊,2019(5):138-141.

[16]王滢.高校美育对实现"立德树人"的价值探析[J].教育评论,2015(2):64-66.

[17]孙荣春.当前高校美育问题解析[J].黑龙江高教研究,2009(10):155-157.

[18]麻华.新时代美育视野下普通高校大学音乐通识教育课程体系的建构[J].

艺术教育,2019(4):40.

[19]叶碧.高校美育评价的内容与方法[J].江苏高教,2009(4):125-127.

[20]钟群.高校美育网络教学评价研究[D].重庆:西南大学,2020.

[21]宁薇.大学生美育论[M].天津:天津社会科学院出版社,2013:104-108.

[22]邓佳.高校美育课程研究[D].重庆:西南大学,2019.

[23]张丽平,董国峰.高等美术教育功能与人发展的关系研究[J].黑龙江高教研究,2018(8):155-157.

[24]赵晓宇.如何提高舞蹈艺术的审美鉴赏能力[J].大舞台,2013(11):61-62.

[25]朱哲,任惠宇.新时代高校美育工作的瓶颈及其破解[J].人民论坛.2019(21):102-103.

[26]宋小红.深刻认识网络"泛娱乐化"对大学生的影响[J].思想理论教育导刊,2019(9):141-144.

[27]陈晓平.从优美和壮美的角度看自然美、艺术美和道德美——兼评康德和黑格尔的美学观[J].哲学分析,2016,7(1):79-88,198.

[28]孟丽,高迎刚.席勒"中介论"美育思想简论[J].上海大学学报(社会科学版),2017,34(5):69-78.

[29]莫小红.审美游戏与完美人性的生成——席勒美育思想诠释[J].求索,2014(11):96-100.

[30]王宏超.中国现代"美育"概念的形成及其学制基础[J].文艺理论研究,2018,38(4):16-28.

[31]彭锋.对"以美育代宗教"的批判性分析[J].郑州大学学报(哲学社会科学版),2017,50(5):8-11,158.

[32]蒋磊.科学主义的受容与反思:重审蔡元培美学美育思想[J].广西社会科学,2018(3):60-65.

[33]张婷婷,蒋明宏.梁启超家庭美育发凡[J].重庆社会科学,2016(9):79-84.

[34]孙勇,范国睿.我国学校美育工作的现状、问题与对策[J].教育科学研究,2018(10):70-75.

[35]朱光潜.谈美书简[M].北京:人民日报出版社,2018.

[36]高迎刚.席勒美育思想的当代价值[J].上海大学学报(社会科学版),2015,32(2):96-102.

[37] 莫小红.席勒审美解放思想在中国的多维展开[J].湖南师范大学社会科学学报,2017,46(6):135-139.

[38] 伯特兰·罗素.西方哲学史[M].耿丽,译.重庆:重庆出版社,2016.

[39] 弗里德里希·黑格尔.美学[M].寇彭程,译.重庆:重庆出版社,2016.